THE ASTRONAUT

THE ASTRONAUT

당신이라는 별빛의 축제를
찾아가는 순례길

정승재 지음

작가의 말

 살아가면서 시적인 순간을 만나는 일은 첫사랑과 이뤄지는 일이다. 그만큼 드물다. 그래서 대부분의 사람들이 무미건조해지고, 지루해지고, 비루해지기까지 한 일상의 그물에 갇힌 채 하루하루를 연명하며 살아간다. 작년 한 해 삶의 바닥을 진하게 맛보고 나서야 나는 알았다. 삶을 특별하게 만들어야 시적인 순간을 만나게 되는 것이 아니라 시적인 순간의 허들을 낮추면 비루한 일상도 특별해지고 내가 만나는 모든 사람이, 나를 둘러싼 세상이 모두 시가 된다는 것을. 그러면서 자연스럽게 수많은 창작물들이 쏟아져 나오게 됐다.

 내 유니버스의 가장 큰 지분은 아내가 갖고 있다. 그래서 내가 만나는 시적인 순간도 주로 아내와 얽힌 순간으로 구성되어 있다. 이 시집의 제목처럼 '우주비행을 하는 마음으로 아내라는 신비를 하루하루 만나면서 살아가는 것이 삶의 가장 큰 이유'라고 의미를 부여하며 시집을 엮었다. 이런 거창한(?) 마음과는 별개로 슈퍼 T인 아내는 냉정하다. 재미없는 책은 절대 끝까지 읽지 않는다. 아내가 대주주인(?) 시집이 아내마저도 안 읽은 시집이 될 것 같다는 불안에 휩싸인다. 시도 시거니와 시에 대한 단상과 창작 배경이 재미있을 리가 만무하지 않은가. 고민 끝에 시를 쓰고 시에 대한 단상과 창작 배경에 대한 스토리를 담은 글을 아내에게 전하는 연애편지로 엮어 보았다. 아내는 냉정하지만 적어도 성의를 무시하는 사람은 아니니까. 그런 마음 때문이라도 꼭 끝까지 읽어 줄 것이다.

아내가 읽고 나서 또 누군가의 아내이고, 또 이미 누군가의 별빛의 축제이고 앞으로 별빛의 축제이고 싶은 사람들도 따라 읽어서 자연스레 마음의 허들이 낮아졌으면 좋겠다. 그래서 공명을 일으킨 사람들이 자신만의 시적인 순간을 만들어 가는데 이 시집이 마중물이 되었으면 좋겠다. 그리고 1부 읽으면서 연애도, 결혼도 하고 싶어졌으면 좋겠다. 2부 읽으면서 이별한 사람들이 위로받았으면 더 좋겠다. 3부 읽으면서 삶이 힘들었던 사람들이 기운 좀 차렸으면 좋겠다. 4부의 산문 읽으면서 웃다가 울다가 XX에 털이 났으면 좋겠다.^^ 그래서 모두들 인생이 더 따뜻해졌으면 참 좋겠다.

2025년 9월

정승재 쓰다

차례

작가의 말　　　　　　　　　　　　　5

1부
당신이라는 별빛의 축제를 찾아가는 순례길

The Astronaut(우주비행사)	*14*
불혹의 사랑	*18*
입추	*22*
우어 플러팅	*26*
다림질	*30*
편두통	*34*
손발톱의 쓰임	*38*
그녀의 사정	*42*
인연	*46*
외사랑	*50*
진동	*52*

2부

뱀사골 별처럼 쏟아지는 이별 이야기

소식	*56*
목련	*60*
앵화도(櫻花圖)	*63*
개화	*66*
이별의 속도	*71*
관계의 농도	*75*
티눈	*79*
밥만	*83*
염전	*87*
능소화	*90*
외꽃할매	*95*

3부

주먹 꽉, 무릎 딱 힘주고 사는 이야기

당신에게	102
마음 항아리	106
빗소리	110
새벽비	113
스핑크스의 질문	117
간을 맞추며	121
수국이 나에게 말했다	125
슬픔 공부	129
50원짜리 시	133
백수	137
타행	140
원복(原福)	144
잔소리	149
석근이	154
삼식이	159
어찌 교사란다	163
간식함	166
도깨비 파도	172

4부
웃다가, 울다가 XX에 털 난 아내 이야기

아내 이야기 1	*178*
아내 이야기 2	*180*
아내 이야기 3	*181*
아내 이야기 4	*183*
아내 이야기 5	*185*
아내 이야기 6	*186*
아내 이야기 7	*187*
아내 이야기 8	*189*
아내 이야기 9	*190*
아내 이야기 10	*192*
아내 이야기 11	*195*
아내 이야기 12	*196*
아내 이야기 13	*198*
아내 이야기 14	*200*
아내 이야기 15	*202*
아내 이야기 16	*204*

The Astronaut(우주비행사)

사람과 사람 사이
행성 간 만큼
간극이 있다.

하지만 때때로
인연의 매듭은
우연에 묶이고

우연은 첫눈에
우주적 타인을
당신으로 빛나게 했다.

그 후로 나는
당신이라는
별빛의 축제를 찾아가는
순례길을 오랫동안 걷고 있다.

당신에게

 여보, 잘 있지? 오늘은 날씨가 흐리네. 그래도 아침에 내린 비에 늦더위가 조금 가셔서 다행이야.

 오랜만에 쓰는 편지라 나도 어색하고 당신도 어색하겠지만 어떻게 하면 당신이 이 시들을 읽어 줄까 고민하다가 당신에게 편지를 쓰기로 결심했지. 시집에 시가 40편이 되니까 아마 편지도 그 정도가 될 거야. 매번 길지 않을 테니까 벌써 지루해하지 말고 꼭 끝까지 읽어 주세요.

 보시다시피 이 시는 당신의 최애인 BTS 석진이가 부른 노래 제목이기도 하고 제일 잘 쓴 시라기보다는 내 마음을 제일 잘 담아 놓은 시야. 그래서 시집의 가장 처음에 배치해 보았지. 하지만 슈퍼 T인 당신은 '당신이라는 별빛의 축제'라니. 손발톱이 오그라드는 정도가 아니라 솜털까지 오그라드네. 그런 생각을 하고 있겠지. 그래, 내가 솜 과장을 하긴 했지. 그래도 문학이니까, 시니까, 양해하고 넘어가 주시길. 그 허들만 넘고 나면 내 마음을 오롯이 느낄 수 있을 거야.

 여보, 좀 갑작스럽겠지만 혹시 충무로역 골목집 지하 생각나? 쾌쾌한 지하 냄새가 나긴 해도 백반이 유독 싸고 닭볶음탕이 맛났던. 거기서 열린 신입생 환영회 뒤풀이에서 당신을 우연히 처음 보았을 때, 굶주린 복학생인 나는 '뭐가 이렇게 예뻐!' 하면서 당신을 쳐다봤지만, 눈이 몹시 나쁜 스물한 살 당신은 '누가 왔나' 하고 물끄러미 입구에 있는 나를 쳐다본 건데 내가 서로 첫눈에 반한 줄로 착각해서 당신 쫓아다닌 거. 그때 정말 나는 머릿속에 온통 기관차가 증기를 뿜고 뒤풀이 내내 당신만 보였지. 그건 마치 새 우주가 열린 것 같은 일이었지. 또, 또 오버한다고 하겠네. 아니야 진짜야. 여보. 사랑이 시작되는 건 타인과 타인이, 우주와 우주가 만나는 일이야. 인연이 우연과 교차하면 만남이라는 우주 대사건이 발생하는 거지. 당신과 내가 그랬지. 아니 나 혼자 그랬지.^^

 그런데 그때 이후로 쭉 꽃길이었으면 좋았었겠지만 당신이랑 살면서 우리, 우여곡절이 참 많았잖아. 그래서 '순례길'이라고 표현해 보았지. 고단하지만 고단함 속에 행복이 깃든 길. 그 끝에서 무엇과 마주할지 알 수 없지만 가고 싶은 길. 꼭 가야 하는 길. GOD 노래가 생각나는구먼.^^ 어쨌든, 나는 지금 그 길을 걷고 있다우. 앞으로도 내내.

불혹의 사랑

여보.
어디야?
밥 먹었어?
애들은?
나 오늘 늦어.

여보.
어디야?
밥 먹었어?
애들은?
나 오늘 늦어.

무한 반복은
사랑이 아니다.

사랑은
신선한 물음표이다.

당신에게 단지
오늘만
할 수 있는 물음을 갖고
산다는 것은
나붓대던 벚꽃잎이
머리맡에 떨어지는 일만큼
행운이다.

당신에게 늘
궁금함을 가지려
애쓰는 일은

악몽으로 신음하는 밤
가만가만 토닥이는 손길로
손사래 치는 외로움을 벗어나는 일만큼
축복이다.

당신에게

여보, 이번 시도 많이 오그라들었지? 아니다. '조금 찔리네.' 이런 생각이 들었을 것 같은데. 당신도 시에서처럼 나를 그리 궁금해하지 않잖아. 아니라고? 오해라고? 알아. 알아. 내가 앙탈을 부리려고 이러는 게 아니야. 내가 생각하는 사랑에 대해 얘기하고 싶어서야.

사랑은 유통기간이 짧은 음식 같아서 금방 변질되지. 주로 의리라는 놈으로 변질되고 권태라는 놈으로 썩게 되지. 그런데 이 사랑의 유통기간을 늘리는 방법이 있어. 당신이 나더러 '어떻게 그렇게 숨 쉬듯이 플러팅을 날리냐? 대단하다'고 한 적이 있잖아. 그건 나만의 유통기간 연장 비법이 있어서지. 그래 맞아. 시에서 언급한 것처럼 당신한테 신선한 물음표를 갖는 거야. 그런데 자기 자신도 제대로 모르는 주제에 사람들은 상대에 대해 쉽게 안다고 단정 짓고 그래서 권태로워들 하지. 그건 그 틀에서 생각하면 자신이 편하기 때문이야. 고민하지 않아도 되니까. 이기심이지.

　상대에게 신선한 물음표를 갖는 것은 애써야 하는 일이야. 늘 예민한 촉수를 드리워야 하니까. 촉수를 드리우되, 상대가 부담을 갖게 되면 안 되니까 상대가 알아차리지 못하게 그렇게 해야 하지. 그러려면 겉으로는 몰라도 속으로는 고양이 발걸음이지. 조심 또 조심. 맞아. 힘들어. 그런데 있잖아. 그 속에 기쁨이 있지. 그리고 그 일만큼 행복하고 축복인 일이 어디 있겠어. 당신이 늘 신비로우니까.^^

입추

무더위에 갇혀
칡꽃이 흐드러진 줄도 모르고
여름이 갔네.
그,
청춘도.

후회 한 잎
자책 한 잎
아쉬움이 또 한 잎 쌓여
서러움으로 덤불질 때

오히려 불쑥,
당신 생각이
적송처럼 솟아
설움이 가라앉네.

당신은

마음에 늘 넝쿨 진
칡꽃.

지금 당신
그리는 마음이면
청춘도 아직
꽃지지 않아.
가을에도
갈변하지 않아.
그,
청춘이
그립지 않아.

당신에게

 여보, 그 뜨겁던 여름이 천년, 만년 갈 것 같았는데 신기하게도 입추가 지나고 처서도 지나니 조금 진정이 되네. 잘 지내고 있지?

 내가 오늘 학교 꼭대기 층인 6층에서 논술형 수행평가 감독을 하다가 창문을 보니 늦여름이 빼곡히 학교 옆 동산을 짙푸름으로 채우고 있는데, 그 사이사이 보랏빛 칡꽃이 만발하더군. 물론 너무 예뻤지. 감독하면서 자꾸 흘겨보고 있었을 만큼. 그리고선 '내내 피어 있었을 텐데. 이제야 봤네. 아, 내가 더위에 치여서 창밖도 제대로 보지 않고 살았구나. 그러다가 여름이 다 갔구나.' 하는 생각이 들었지.

 또 자연스럽게 '뜨거운 여름 같은 청춘도 훌쩍 지나갔구나.' 하는 생각이 이어서 드는 거야. 상념에 빠지니 허우적대기 시작했어. 그때 젊었을 때, 내가 내 아집에, 내 욕망에 갇혀서 더 넓은 세상을 만나지 못하고 사람살이에서 더 깊은 만남도 갖지 못한 건 아닌가 하는 아쉬움이며, 후회며, 자책이며 이런 감정에 사로잡혔지. 그랬더니 마음이 서러워지기까지 하더라고. 마음이 말랑말랑해지니 갑자기 당신 생각이 나는 거야. 그리고 과거에 내가 어찌어찌 살았건, 그래서 여름 가듯 훌쩍 지나간 청춘이 서러울지언정 적어도 지금 이 순간, 나에게는 당신이 있다! 그런 생각을 하고 급 자신감이 생겨서 시 한 편 뚝딱 썼네.

여보, 시 읽고 나니 어떻게, 내 마음이 좀 보이시나?^^ 당신 마음에도 혹시 내 칡꽃이 넝쿨을 좀 지었나?

우어 플러팅

금강 갈대 숲에서
숨죽이던
우어가
금강식당 고추 양념 미나리 숲에
몸을 잘도 숨겼다.

귀하신 분 요리조리 뒤적여
포획하고
김 모락 쌀밥을 얹고
서천 김에 꼭 싸서
와구 한 입 들어간다.

아내가
우어가 고소하다 한다.
임금님께 진상까지 하던 놈이니 고소할밖에.
그러고선
근데 오빠 난 회를 진짜 좋아하나 봐 한다.

그래서 바닷가 남자랑 결혼했구나 하니
아니!
응? 아니야?
그럼?
너라서!
아… 하…
뜬금없는 플러팅에
다리에 힘이 풀리는 건
오십 줄이라서가 아니라
미리 온 삼복더위에
매미가 울지 않아서가 아니라

오십이래도 늘
마음에 수국꽃 한 송이쯤은
피우고 살기 때문이다.
둥근 비늘을 반짝이며
금강을 거슬러 오르던
우어 한 마리쯤은
품고 살아가기 때문이다.

당신에게

여보, 안녕?

얼마 전, 충남 서천 여행을 갔다가 들렀던 금강식당. 거기서 당신도 나도 난생처음으로 '우어'란 놈을 만났잖아. 기억나지? 고춧가루 미나리무침 사이에 숨어 있던 녀석들 젓가락으로 골라 골라 하얀 밥에 얹어 주었더니 당신이 고소한 서천 김에 싸서 쏙쏙 맛나게 먹었잖아. 기억 안 난다고? 에이, 그럴 리가. 그다음에 했던 얘기가 민망해서 자꾸 모르는 척하는 거구먼. 분명히 그때 당신이 우어 회무침 맛있다고 이야기하면서 나를 몹시 당황시킨 한마디 던졌잖아. 내가 그 말 듣고 그 충격이 이만저만 아니라서 시를 한 편 썼지.

여보, 그런데 예전에 당신이 친구들 만나느라고 집에 자주 늦게 들어올 때, 딸들하고 치킨을 먹은 적이 있었어. 당연히 먹기 전에 당신 몫부터 반찬통에 덜어 두었지. 그랬더니 큰딸이 그러는 거야. '이잉~, 나도 닭 다리 좋아하는 데….' 하지만 내 대답은 단호했지. '안돼, 엄마도 다리 좋아해. 이건 엄마 거야. 너희 둘이 나눠 먹어!' 그랬더니 서운했던 큰애가 한마디 하더군. '응, 아빠는 응, 아빠 혼자 엄마 짝사랑하면서….' 전혀 예상치 못한 말에 순간 당황했지만 당황하지 않은 척 바로 딸에게 얘기했지. '그래 맞아. 딸. 아빠가 혼자 엄마 좋아한다. 그래도 딸, 엄마가 행복해 보여? 아빠가 행복해 보여?' 그랬더니 딸내미가 그건 또 확신을 갖고 바로 대답을 하더라구. '아빠!' '그래. 맞아. 딸, 사람이 다 그래. 더 좋아하는 사람이 행복한 거다.' 그러고는 하하 호호 웃으면서 맛나게 치킨을 먹었지.

그런데 있잖아. 어린 딸들도 알 만큼 무심했던 당신이 이십몇 년이 넘는 긴 짝사랑에 종지부를 찍어 주니 내가 다리에 힘이 풀릴밖에. 시가 나올 수밖에.

다림질

당신, 오늘 참
힘들었습니다.

사연에 귀 기울이다가
말로 전한 위로는
당신 마음 어디에도
머물지 못하고
아리랑처럼 귓등을
흘러갑니다.

서운한 마음 대신에
자리에서 물러나
옷방에 들어
다림판을 세웁니다.
분무기를 골고루 뿌려 주고
잠든 아이 이마 쓰다듬듯
출근복을 쓰다듬어 펼칩니다.

설마 그럴까마는 하다가도,
제멋대로 구겨진 이 주름이 펴지면
당신의 내일도
충청도 논산쯤 평야처럼 펼쳐지겠지, 생각하니
손목에 불쑥 힘이 돋습니다.

정신없는 내일 아침
거울 앞에 서서
빳빳한 깃에 솟아 있을
당신의 자신감을 떠올립니다.

당신,
내일 하루는
평안하세요.

당신에게

 여보, 결혼 초에 당신이 직장에서 힘든 일이 있는 날이면 꼭 우리 말다툼이 있었던 거 기억나? 당신이 직장 스트레스를 집에 와서 터트리는 못난 사람이 아닌데도 그런 일이 잦았지. 당신이 이러저러한 사연을 이야기하면 바로 내가 이러저러하면 된다고 얘기해 줬지. 그러면 당신은 어김없이 '그거 이미 다 생각해 본 거야' 하면서 답답해했지. 그러면 자존심이 상한 나는 무시한다고 욱해서 성질을 내고 세상 고요한 당신은 알았다고 그만하라고 싸우기도 전에 종전 선언을 하고, 더 기분 나빠진 나는 더 성질을 내다가 서로 등 돌리고 잠을 청했지.

 그런데 얼마 전이야 당신이 이러저러한 직장 스트레스를 얘기하고 나도 조언이랍시고 몇 마디 거들었지. 물론 당신은 일관성 있게 내 얘기를 듣지 않았지.^^ 기분이 나쁘기보다 당신이 안타까웠어. 뭘 어떻게 해야 하나 답답

하기도 했지. 그때, '할 수 있는 것을 하자.' 생각하고 다림질 판을 펼쳤지. 당신 내일 출근복을 평소보다 정성껏 다렸지. 우리 부인 내일은 기분 좋은 일만 있어라~ 기분 좋은 일만 있어라~ 혼자서 생각하면서 당신 쓰다듬듯이 손바닥으로 옷 주름도 펼치고 좀 더 힘줘서 칼주름도 잡고. 그랬더니 내가 기분이 좋아지더라고. 그러고 나서 밤에는 '괜찮다. 괜찮다.' 하면서 등을 토닥토닥 두드려 주고 당신 재워 줄 수 있었지. 나이 먹어서 그런가, 기운이 빠져서 그런가. 이제 싸우지 않는 날이 하루하루 더 늘어 가네. 토닥토닥하는 날이 더 늘어 가네.

편두통

타이레놀 두 알 털어 넣고
아내에게 등 돌린 밤
시린 등짝에
비몽사몽
하나, 둘, 세던
통증 주기도 잊습니다.

바라보고 돌아누운 새벽녘
청혼하듯 손잡으니
벌레털듯 손털다가
코골이로 축포하는 아내에
함박웃음으로
밤도 온통 환합니다.

다시, 타이레놀 잡는 편두통이
잡놈 담 넘듯 무시로 찾아오고
오십 넘은 불안의 밤.

청춘 영화 제목처럼 혹여,
내 머릿속 지우개가
이 웃음도
박박 문질러 지우더라도

삼십 년 산 아내로
마주 보며 돌아누운
이 어처구니없는 고집을
꺾기는 힘들 겁니다. 아마.

당신에게

 여보, 이 시는 당신이 싫어했잖아. 사생활 너무 드러난다고. 나는 나름 해학도 있고 해서 좋아하는 시인데.^^ 당신이 잠든 사이에 펼쳐진 이 시에 대한 스토리를 좀 들어봐. 그러면 마음이 조금 바뀔 거야.

 여보, 알다시피 내가 머리가 좀 크잖아. 그래서 목디스크가 멀티플로 오고, 자주 두통도 생겨서 잠을 잘 못 자잖아. 하루는 타이레놀을 먹었는데도 편두통이 너무 심한 거야. 그런데 이게 약을 먹어서 그런가 계속 아픈 게 아니라 통증이 일정한 주기가 있더라고. 잠이 들만하면 아프고 잠이 들만하면 아프고. 사람 놀리는 것도 아니고 환장하겠더라고.

 그런데 편두통이라 당신한테 등 돌린 쪽으로 베개를 베고 있으니, 머리가 덜 아픈 것 같더라고. 한동안 그러고 있다가 잠이 하도 안 와서 당신 쪽으로 등을 돌렸더니, 당신이 두 손을 모으고 기도하듯이 웅크리고 자고 있었어. 그래서 청혼하는 것처럼 나름 경건하게 두 손을 가만히 잡았지. '그림이 괜찮다. 낭만 있다.' 속으로 그러고 있는데 당신이 벌레 털듯 내 손을 털었지. 그리고 굳히기로 그만 코를 골더라고. 아픈데도 웃겨서 혼자서 킥킥대다가 또 머리가 너무 아픈 거야. 이러다가 진짜 이거 손예진 나온 〈내 머릿속의 지우개〉처럼 기억 상실이라도 걸리는 거 아니야. 한밤중이라 혼자서 별의별 생각을 다 했지.

그런 생각을 하다가도 뭘 그리 맛있게 먹는 꿈을 꾸는지 '음냐, 음냐' 하는 당신 보고 있으니 또 웃음이 났지. 그리고 혹시 진짜 무슨 병에 걸려서 기억 상실증이 와도 다른 건 다 까먹어도 당신이 자면서까지 웃겨 준 것은 안 까먹겠다고 생각했지. 당신 바라보는 쪽이 더 아픈 편두통이라도 당신 계속 바라보고 누워야겠다고 생각했지. 혹여 당신이 내 마음을 아프게 하는 날이 있더라도 계속 당신 바라봐야지 하고도 생각했지. 당신은 자면서도 웃겨 주는 사람이니까. 웃겨서 아픈 것도 잊게 해 주는 사람이니까.^^

손발톱의 쓰임

새치 머리 이발하고
함민복 시인 앞에서
시 낭송한 오십 남편이
마음에 둥실 달 띄우고
콧노래를 부르니

샘난 아내가
묻는다

나야?
시야?

오십 소년이
답한다

니가…
시야

으이~

아내가

손발톱을

오그라트린다.

당신에게

 여보, 기억나지? 손발톱을 오그라트리고 소스라치던 당신 모습이 아직도 선명하네.^^ 이거 가정 폭력인가? 슈퍼 T인 당신을 슈퍼 F인 내가 자꾸 괴롭히는 것 같기도 하네.^^

 창비에서 진행하는 문학기행 프로그램 중에 함민복 시인 앞에서 경운기처럼 달달거리면서 시를 낭송하고 칭찬도 받고 헤벌쭉한 나를 보면서 당신이 보인 반응이지. 하지만 나는 당신의 질문에 당황하지 않고 바로 플러팅으로 응수할 수 있는 슈퍼 F 능력치에 만족하고 있지.

 근데 여보, 슈퍼 T와 슈퍼 F의 기나긴 전쟁의 결말은 어떻게 될까? '숨 쉬듯 플러팅'과 '치를 떠는 오그라듦' 사이의 결말은 또 어떻게 될까? 사람이 잘 바뀌지 않는다고 하지만 이렇게 숨 쉬듯 플러팅을 지금 25년째니까 앞으로 10년 그리고 20년을 더 하면 당신도 죽기 전에는 익숙해지지 않을까. 그러면 손발톱이 오그라드는 대신 당신도 마음에 달이 둥실 뜨고 콧노래가 나올까? 그때를 기약하며…^^

그녀의 사정

자기 남편은
요설남이래매?
요리하고 설거지까지 하는 남자. 까르르.
근데,
근데,
아침 출근복까지
다림질을 해 준대요.
이전에 치즈 케이크까지
구워 줬다더만.
세상 스윗해라.
그런 남편이 어딨어?
자기는 좋겠다.

하……

들어봐요.
우리 집은 하소연 순번이 있어요.

두 딸들 끝나고 마지막이
그 스윗 남편님.
하루 종일 일하고
피곤해 죽겠는데
12시가 넘고
새벽이 와도
그놈의 하소연은
아주 네버엔딩스토리예요.
대충 들으면
또 삐짐! 신공!까지.

자,
치즈 케이크 드실래요?
하소연 들으실래요?

당신에게

여보, 이건 시라고 하기도 애매하고 산문이라고 하기도 애매한, 그냥 생활 글을 시적인 리듬으로 표현한 거야.

이 글 얘기를 해 볼게. 내가 일상적으로 집안일하는 것을 동료 여교사들에게 말하면 사람들은 처음에는 믿지 않는 눈치다가 결국 당신을 부러워하는 걸로 마무리가 되는 경우가 많았어. 당신도 알다시피 실제로 내 꿈 중에 하나는 완소퍼펙트남(완전 소중한 퍼펙트 남자)이 되는 것이니까. 그래서 슬레이브임을 자처하고 "남들은 자유를 사랑한다지만 나는 복종을 사랑해요"라는 한용운의 〈복종〉을 신조처럼 되새김질하면서 살아가고 있지. 물론 당신은 25년 인내와 땀으로 일궈낸 가스라이팅(?)의 결과가 아주 훌륭하다 싶겠지만.^^

그런데 이렇게 살아온 세월이 꽤 됐는데 당신이 몰라주는 것 같아서 서운한 적이 많았어. '아니 내가 이렇게 희생하는데 고작 이 정도 대우를 받아야 해.' 하는 생각들 때문에 당신에 대한 불만이 많았던 적도 있었지. 하지만 부부에 대한 얘기는 쌍방의 얘기만이 정답이지. 만나서 둘 다 얘기를 들어 봐야 하는 것이지. 내가 평균 이상의 괜찮은 남편으로 자부하고 살아간다고 해도 당신 이야기를 듣고 나면 같은 공간 다른 세상에서 살고 있었음이 분명해지니까.^^

결국 가정생활도 하드웨어와 소프트웨어가 존재하는데 나는 그저 하드웨어 담당이고 당신은 소프트웨어를 담당한 거지. 그래서 겉으로 보이기에 내가 뭔가 희생하고 고생하는 듯 보이지만 실제로 마음이 곪아 가는 쪽은 당신이었던 거지.

겉으로 보이는 부부 사이란 남의 떡처럼 그저 내 욕심에 커 보이는 것일 뿐이야. 그래서 실제보다 더 좋아 보이는 거지. 이런 생각을 했고 그것을 표현해 보고 싶었어. 세상 모든 부부들은 모두 각자의 사정이 있지. 치즈 케이크 드실래요? 하소연 들을래요? 선택은 각자 취향인 거지. 더 좋고 더 나쁜 부부 사이는 없다, 각자 아름답다는 게 나름의 결론.^^

인연

황급히 둥지를 찾아가는
멧새의 날갯짓이
아니었다면
너를 만나지 못했을지 몰라.

대추나무 낙엽 속에 파고들어
봄날을 기다리며
잠들어 있는 꽃씨, 너를
만나지 못했을지 몰라.

나붓대다
바람에 한 없이 흩날리는 이들이 있었다.
나붓대다
나뭇가지에 몽실히 묶여 있는 이들도 있었다.

나붓대던 내가
너의 머리 맡 낙엽에

살포시 내려앉으며

두드리는 소리에도

너는 끝내 깨어나지 않고.

서툰 봄 햇살에

내가 녹아 흩어져

한 방울도 안 되는

습기로 스며들어야

비로소 너는

동토를 뚫고 일어서

기지개를 켤지도 몰라.

애초에

인연이 아니었던들

난 함박눈이

아니었을지 몰라.

당신에게

 여보, 이 시는 무려 첫눈 오는 날 쓴 시야. 벌써부터 낭만 냄새가 진동하지?

 그런데 말이야 진짜 낭만은 거기서 그치지 않아. 그날 수업을 들어갔더니, 한 학생이 당돌한 얼굴로 '선생님!' 하고 부르는 거야. 그리고 '눈이 오지 않습니까?' 하는거야. '그래. 그런데?' 했더니 '시 배를 한번 하시지요.' 하는 거야. '으잉? 뜬금없이 시 배를?' 당신이라면 '네, 네, 닥치시고 교과서나 펴세요.' 했겠지만 평소 시를 낭송하는 문학 선생의 자존심도 있고 해서 그 자리에서 뺄 수 없었지. 마침 오전에 첫눈 오길래 당신 생각하면서 혼자 푹 눈에 절어서 시를 한 편 써 둔 것이 있었거든. 그래서 '가즈아!' 했지. 애들은 수업 빼먹으니 좋아서들 난리가 났고. 그런데 갑자기 한 놈이 불을 끄는 거야. 밖에는 나뭇가지가 부러지도록 함박눈이 하얗게 펑펑 내리고, 김광민 피아노

BGM이 흐르고, 음악을 타면서 그 당돌한 놈이 자기가 쓴 시를 낭송했지. 그리고 나도 배틀답게 바로 이 시를 바로 낭송해 줬지.

안타깝게도 시가 변변찮아서 시 자체로 뭐 애들한테 감동을 준 것 같지는 않고.^^ 그냥 그날 그 첫눈이, 함박눈이 다 했다. 한껏 낭만이었다.

외사랑

고개 젓기를 여러 날
생각은 돌아 늘
영겁의 인연처럼
그대를 스치고
마음에
번뇌하는 비구의
속눈썹 같은 설렘
민머리만큼이나 애닳다
고개 떨구기를 여러 날

당신에게

 여보, 짝사랑하는 스물 몇 남자의 풋풋한 갬성(?)이 느껴지시나?

 지금 보니 나는 자기 연민 덩어리였었네. 스스로를 되게 불쌍하게 표현하고 있잖아. 그래도 그때 당신은 정말 너무 철벽 같았어. 내가 그렇게 나를 불쌍하게 여길 만큼. 그리고 그런 당신 주변에 서성이며 혼자서 애를 많이 끓였지. 정말 생각이란 생각은 죄다 영겁의 인연처럼 질기게 돌고 돌아 결국 당신에게 향했고, 어쩌다 스치듯 잠깐 보는 설렘도 기쁨이기보다 안된다는 생각 때문에 오히려 고통스러웠지. 번뇌에 빠진 비구니의 속눈썹 떨림을 누가 알겠어. 혼자 느끼는 그 설렘이 말이야, 무슨 사연으로 삭발까지 했는지 그 속을 알 수 없어 안타까운 비구니의 민머리만큼이나 애달프던 내 짝사랑. 그때 내 마음이었어. 당신이었어.

진동

머그컵을 잡을 때
잔잔히 일어나는
커피의 진동을
기억하는 사람이 없듯

지하철 3호선 양재역

당신이 처음 내 손을 잡았을 때
진도 7로 온 세상을 울리던 진동도
바로 옆자리 졸고 있던 아저씨는
핸드폰 진동이라 느꼈었는지 몰라.

당신에게

여보, 우리 언제 처음 손잡았는지 기억은 나?

한창 썸을 타다가 당신 바래다주려고 지하철 3호선 타고 가고 있었잖아. 양재역쯤이었지 아마. 손을 잡고 싶었지만 용기를 못 내고 안절부절하고 있는데 당신이 덥석 내 손을 잡았잖아. 그때 얼마나 놀라고 심장이 뛰었던지. 머그컵을 잡을 때 잔에 울리는 진동을 기억하는 사람이 없듯이 그때 옆자리에서 졸고 있던 아저씨에게는 아무것도 아니고 별일도 아닌 진동이었겠지만 나는 인생이 송두리째 바뀌는 진동이었지.

그런데 '그때 왜 그랬어?' 당신에게 물었더니 '응? 그냥 오빠가 손잡고 싶어 하는 것 같길래.' 하고 대답하는 세상 쿨한 당신. 그런데 그때 당신의 진동은 진도 몇이었을까?

2부

뱀사골 별처럼 쏟아지는 이별 이야기

소식

그리움 속으로 깊이 물질하는
이별한 세월로 보면
사소해질 것도 같은 사람의
소식을 들었다.

딱딱한 세월의 껍질을 쪼개니
물찬 설렘이
생굴 같다.

옹기 단지 마냥 가슴을 부풀리고
듬뿍, 소금을 뿌려 절여 볼까?
목젖을 잘라 뚜껑 삼고
곰삭아 단내가 나면
저녁상에 올리듯
추억해 볼까?

당신에게

아이쿠, 이 시가 벌써 나왔군. 여보, 이 시는 나에게 의미가 아주 깊은 시야.

우선, 당신이 나에 대해 다시 생각하게 해 준 기회를 만들어 줬지. 당신이 나를 체리레드 머리에 검정 쫄바지를 입고 나타난 양아치 복학생인 줄 알았다가 '이 사람 뭔가 속이 있다. 다른 면이 있다'라고 착각!하게 만들어 준 시라고 당신이 얘기해 줬잖아. 그 착각이 단초가 돼서 우리 결혼까지 갈 수 있었지.^^

그리고 무엇보다 지난 이별을 잘 정리하게 만들어 준 시이기도 하지. 지난 이별이 뭐냐고? 음, 맞아. 당신이 심심할 때마다 놀리는 그 사람. 옛사람 홍땡땡씨.

헤어진 지 1년 정도 지났을 때였는데 친구들에게서 교사 임용 재수를 하던 그 사람이 임용고시에 합격했다는 소식을 들었지. 그런데 기분이 이상했어. 설레는 것 같기도 하고. 들뜬 것 같기도 하고. 감기에 걸린 것같이 아픈 것 같기도 하고. 난생처음 겪어 본 감정이 요동쳤지. 그래서 한 보름을 매달려서 마치 얽힌 목걸이 풀어 가는 심정으로 고치고 또 고쳤지. 그렇게 태어난 나의 역작(?)이야.^^

그때 왜 그렇게 이 시에 집착했을까 생각해 본 적이 있는데. 그 사람이 잘 됐다는 소식 들으니까 '재수하느라 고생 많이 했을 텐데, 어휴, 다행이다. 그런데 이제 나는 어쩌지? 그 사람 걱정하는 마음으로 붙잡고 있었는데 잘 됐다는데 이제 어쩌지? 어쩌지?' 그때 저 밑에서 속삭임이 들려왔지. '이제 그만 마음속에서 보내 줘야지. 잘 보내 줘야지.' 비록 헤어진 사람이지만, 과거의 사람이지만, 없었던 사람은 아니잖아. 헤어졌는데도 마음에서 보내지 못해서 1년 동안 혼자 앓고만 있었지만 이제 잘 보내 주는 게 그 사람을 위한 거고 또 나를 위한 일이기도 하다는 생각을 했어. 착한 남자 콤플렉스였었나 그런 생각도 들지만 만남이 인연과 우연이 만든 우주 대사건인 것처럼 헤어짐이라는 사건도 초신성 폭발 같은 대 충격이지. 그래서 잘 갈무리하는 일이 필요한 것 같아. 그건 자기 인생에 대한 기본적인 예의라고 생각해. 어쨌든 그 마음을 기록하고 싶었어. 지난 사람을 잘 보내는 마음을. 그게 내 삶을 사랑하는 길이라고 으~른스럽게 생각을 했지.

아참, 오해하지 않기를 이 시 완전히 탈고하고 난 후에 당신에게 착각으로 반했던 거야. 그래서 지난 사람 얘기하면서도 내가 이렇게 당당해.^^

목련

몰랐네 나는,
목련이 시들고서야
떨어지는 것을.

낭자한 목련이 떨어져서 시들지 않고
검버섯 피듯 시들고서야
떨어지는 것을 몰랐었네 나는.

돌아선 당신 마음에
이별한 줄을 알았었는데
세월에 먼저 시든 내 마음에
이별한 줄을,
가지 끝에 위태롭게 매달린
목련을 보고야 알았네 나는.

당신에게

 여보, 내가 질문을 하나 하지. 학교 앞 화단마다 꼭 심어 있는 꽃은? 그래 맞아. 목련이야. 너무 뻔한 질문이지. 그런데 오늘 내가 뻔한 목련에 대한 뻔하지 않은 얘기를 들려줄게.

 학교마다 심어 있는 목련은 삭막한 학교에 새하얀 봄을 알리는 꽃이잖아. 매번 만나면 반갑기도 하고. 우리 학교에도 당연히 목련이 있는데 내가 이 학교에 무려 10년이나 있으면서 그 목련을 보고, 꽃 피면 '아, 예쁘네', 꽃이 지면 '아, 아쉽네' 이렇게 두 감정으로만 똑같이 대하고 있었던 거야.

 그런데 올해 봄에 혼자 목련 옆을 지나다가 보니 바닥에 떨어져 시든 꽃잎들이 낭자하더라고. 또 '아 아쉽네' 하다가 우연히 고개를 들어서 물끄러미 보니 떨어지기 직전인 꽃잎들이 하나 같이 검버섯 피듯 누렇게 시들어 있었어.

유레카! 나는 지금껏 몰랐어. 목련이 바닥에 떨어져서 누렇게 시들어 가는 줄 알았는데 실은 나뭇가지에서 먼저 시들고 나서 그제야 떨어진다는 사실을. 그리고 충격과 상념에 잠기니 그동안 살면서 마주했던 수많은 이별들이 몰려왔어. 그동안 누군가 친구건, 연인이건 멀어질 때마다 그 사람들의 식어 버린 감정을 탓해 왔는데 실은 그 사람들을 향한 내 마음이 먼저 시들었던 거구나 하는 생각을 하고 마음이 너무 아려왔어. 그 수많은 이별들에게 미안한 마음이 들어서였지.

그런데 여보, 이 시 말이야. 함민복 시인 앞에서 낭송을 했었는데 시인께서 "잘 썼어요. 목련으로 시를 많이 쓰는데 목련에서 그것(남들이 보지 못한 것)을 찾아서 잘 썼어요. (과장하거나 허투루 칭찬하는 말이 아니라) 사실을 말하는 거예요. 사실을."이라고 칭찬을 해 줬다우. 가문의 영광이지. 대 영광.^^ 물론 괄호( ) 부분은 함민복 시인의 말씀 중 행간에 대한 내 해석.^^

앵화도(櫻花圖)

문득 돌아선 사람
그리는 마음처럼

꽃잎은

손에 담으려니
멀리 더 날아갑니다.

날리다. 흩어지다.
온통 선홍 춤사위로 쏟아지고.

본 적 없이 떨어져
그늘처럼 낭자한 꽃대
이별한 그 자리마다

잎 순,
꽃보다 늦된 잎 순
새살로 돋아옵니다.

당신에게

 여보, 시를 쓰면 좋은 일이 있어. 뭐가 좋냐고? 우선, 회춘을 할 수 있지. 한 삼십 년 정도. 처음 시를 썼던 스무 살 그때로 돌아갈 수 있게 되지. 그때의 말랑말랑한 예민함이 조금씩 살아나는 거야. 정말 나태주 시인 〈풀꽃〉에서처럼 자세히 보게 되고 오래 보는 버릇이 생기게 되지. 이전까지는 벚꽃을 보면 '예쁘다. 사진 찍어야지. 떨어지는 것도 화려하니 멋있다.' 하고 나면 봄이 지나갔지. 그런데 여보 이제는 좀 달라졌지. 더 오래 지켜보니 보이지 않던 것이 보이기 시작했어.

 올해도 학교 입구 벚꽃 길에 꽃이 만발하다가 지고 있었어. 갑자기 천진난만 병이 돋아서 손에 담고 잡아 보려고도 했더니 자꾸 멀어지는 거야. 그러다가 바람이 부니 휘몰아치듯이 우수수 꽃잎이 떨어지는데 분홍 치맛자락이 휘날리면서 춤을 추는 것 같더라고. 그런데 여보, 벚꽃이

지면 벚꽃 진 자리마다 꽃대가 무지하게 떨어지는 거 알고 있어? 며칠 후 꽃잎 다 떨어진 벚나무를 찾아갔더니 바닥에 꽃잎은 흩어지고 꽃대만 낭자하더라고. 그 꽃대가 떨어진 다음에야 여름 그늘 만들어 주는 이파리들이 움이 돋고 버찌가 작디작은 씨방을 열게 되는 거더라고. 그러면서 좀 흔한 모티프 같지만 낙화와 이별을 연결 지어 상상해 봤지. 그런데 꽃잎이 지면 그뿐이 아니라 새순이 돋잖아. 희망을 이야기하고 싶었지. 마침 꽃대 진 자리마다 새순이 돋는 것도 알게 됐고. 그래서 이 시가 나온 거야.

그리고 시를 쓰면 좋은 일 두 번째는, 봄에 벚꽃을 봐도 자동기술법처럼 떠오르는 장범준의 〈벚꽃엔딩〉을 더 이상 흥얼거리지 않아도 된다는 사실. 대신 내가 쓴 시를 중얼거릴 수 있어. 이거 생각보다 특별한 경험이야. 인생이 한층 더 풍요로워지는 거지. 게다가 변변치 않은 내 시를 읽어서 당신도 자신감을 얻지 않았을까? 당신도 이제 당신만의 벚꽃엔딩을 만들 수 있지 않을까?

개화

처음 몸피에 부끄러워
지난밤으로 숨겨 놓은 신음을 삼키는
소녀의 목처럼,
버리지 않는
그리움이 만삭인 너는
떨린다.

어쩌나

산파 손 움켜잡듯
구름 한 털 없는
햇살에 매달리다
그만
하얗게 고함쳤다.

당신에게

여보, 이 시는 스물세 살 그즈음 썼던 시야. 시보다는 스토리가 재미있는 시니까 내 얘기를 좀 따라와 줄 수 있겠어?

인제 가면 언제 오나 원통해서 못 살겠네~

4월에도 눈이 내렸던 그 강원도 인제에서 군 생활을 했었어. 이런 사람의 존재가 안 믿기겠지만 훈련소 때부터 자대 배치 거의 1년 때까지 매일 하루에 한 통씩 손 편지를 써주던 여자친구가 있었지. 그래 맞아. 홍땡땡님. 그런데 그 사람이 소위 고무신을 거꾸로 신었어. 남들 그렇듯 일병 때쯤이었지. 매일 핸드폰을 쓸 수 있는 지금과는 달리 군기가 살벌했던 그때는 일병에게는 개인 시간이 허락되지 않았어. 그래서 새벽마다 화장실 변기에 앉아서 몰래 답장을 쓸 정도로 진심이었던 나는 당연히 충격으로 군 생활을 제대로 하지 못했어. 결국 군기 교육대에서 빠진 군

기를 채워야 한다고 한여름에 군용 트럭 타이어를 끌기도 했지.^^

군기가 아주 조금 채워진 채로 얼마 후 야외 훈련을 갔었어. 산속을 헤매다가 우연히 고개를 돌렸는데 심한 화상을 입은 피부처럼 듬성듬성 떼가 벗겨진 봉분 옆에 보라색 풀꽃이 하나 덩그러니 피어 있었어. 왠지 모를 동질감에 건빵 봉지에 뿌리를 흙덩어리 채 싸서 부대로 가져왔어. 그 풀꽃을 내무반 앞 양지바른 곳에 심어 두고 물도 주고 매일 그 앞에서 하염없이 앉아 있었지.

며칠이 지나고 꽃이 지고 한참을 서운하더니 꽃잎 진 자리에 얇디얇은 꽃받침에 싸여 손톱보다 작은 몽우리가 올라왔어. 햇살이 한창 뜨겁던 날이었는데 위태위태하던 꽃자루 몽우리가 터져서 민들레 꽃씨 같은 우산이 펼쳐졌어. 그때 이루 말할 수 없던 감격을 느낀 것은 꽃씨 마냥 뭔가 새롭게 시작할 수 있을 것 같은 희망이 마음속에서 고함치는 것 같아서였지.

하지만 그런 기대는 부대 한 고참으로 인해 산산이 무너졌어. 나름 북한 침투하는 특수부대인데 정신 못 차리고 어이없이 꽃 앞에 쪼그려 앉아 있던 쫄따구가 한참 못마

땅했던 고참 하나가 꽃씨 대를 꺾어서 내 얼굴에다가 보란 듯이 불어 버렸어. 지금 생각해서는 왜 그렇게까지 했을까도 싶지만, 그 당시에는 정말 죽일 듯한 분노로 고참에게 덤벼들었고 다행히 같이 있던 후임들이 말려서 상황은 더 번지지 않았지. 그리고 혼자 부대 건물 한구석 그늘에 쪼그리고 앉아서 악악거리면서 세상을 잊고 울었어. 물론 그 점호 때 아까 그 고참에게 군홧발 이단 옆차기를 온몸으로 받고서야 현실 자각을 하긴 했지만.^^

어쨌든 고참이 불고 던져 놓은 꽃씨 대를 주어서 남은 꽃씨를 받고 다른 꽃대에 꽃씨도 받았어. 그리고 봉투에 곱게 넣어서 전 여자친구 홍땡땡님에게 보냈어. 특별한 의도를 생각한 것은 아니지만 아마 다시 시작하고 싶은 마음이었던 것 같아. 물론 답장은 없었지. 그리고 지금은 당신도 알다시피 서로 다른 더 좋은 사람을 만나서 또 서로 존재도 느끼지 못하고 살고 있지. 그런데 시간 앞에 장사 없다는 말. 죽을 것 같은 고통도 한 30년쯤 지나면 산삼만큼 귀한 약이 되지. 시가 되지.

이렇게 내가 잔뜩 멋을 내며 마무리하고 글쎄 여보, 내가 혼사 울고 있네."^^ 확실히 지난 사람에 대한 그리움은 아니야. 그저 아주 오래 묻어둔 상처를 꺼내 보는 일만으로도 눈물이 나네. 딸들 말처럼 확실히 에겐남인가 보다.

이별의 속도

시간이 공간으로 옮겨 가는
찰나를 아는가?

돌아선 마음에
아파 본 사람은 안다.

이별의 속도가
원근법인 것을,

멀어지는 뒷모습이
한 점이 될 때까지
물끄러미 보다 시간은 멈추고
시선만이 남은 박제의 공간을,

한 점 밖
온 세상에
저 혼자

내던져지는

그 찰나의 공간을.

당신에게

여보, 아마 이 시가 당신에게는 제일 납득가지 않은 시일 거야. 첫사랑이랑 결혼해서 남들이 보면 낭만이겠지만 가을에 비 추적추적 내리는 날 창문 보고 섰는데 아련한 첫사랑은커녕 내 얼굴밖에 떠오르지 않아서 더 우울해지는 당신일 테니까.

그래도 연애 말고 누군가와 이별해 본 적 있잖아. 그때를 떠올려 봐. 나도 누구를 특정하고 이 시를 쓴 것은 아니니까. 홍땡땡님 진짜 아닙니다.^^

그럼, 이 시 얘기를 해 볼게. 헤어질 때, 어쩌지 못하고 망연히 쳐다보고 있으면 그 사람 뒷모습은 점점 멀어져서 한 점이 되고 어느 순간 시야에서 사라지게 되잖아. 거기에서 시간과 공간의 교차점을 발견했지. 시선이 소실점으로 모아지면서 공간은 사라지고 시간으로 옮겨 간다는 생각을 했지. 그래서 이별의 속도를 원근법이라고 표현했어. 그런데 소실점마저 사라지는 그 찰나의 순간에 마치 실존적 내던져짐 같은 충격을 받게 되지. 이 넓은 세상에 나만 혼자인 것 같고. 뭔가 현재의 시간이 사라진 듯한 멍함. 삶의 한 페이지가 지워진 공허함과 허탈함. 그 찰나의 공간. 그리고 뒤이어 찾아오는 심장이 조여드는 듯한 고통. 심장을 움켜쥐고 쥐어짜는 듯한 그 고통. 그 고통의 감정은 다시 겪고 싶지 않은 공포야. 음, 떠나가는 사람에 대한 마음이 깊으면 깊을수록 그 공포와 충격은 배가 되지.

편지 쓰려고 시를 계속 읽게 되니, 어깨가 축 늘어지네. 혹시 오늘같이 비 오는 날에 이제 창밖 보면서 이 시 한 번 더 읽어 보는 거 어때? 내 얼굴 대신 뭔가 이별했던 감성으로 충만해질 것도 같은데.^^

관계의 농도

우연이 불러온 불편에
옆자리에 앉은 당신은
내가 궁금하지 않아서
식사가 빨라집니다.

그릇을 긁는 수저 소리는
날카롭게 귀를 후비고
어색한 침묵은
절묘하게 바톤터치를 합니다.

일부러 속도를 늦춘 것은 아닙니다.
당신이 고봉밥만큼 궁금해서
배가 불러온 참이랍니다. 그런데,
식사 후 함께 일어서는 에티켓이
오히려 원망스럽습니다.

당신은 내내

정면의 벽지를 뚫을 기세이고

나는 당신의 측면이 하염없네요.

역시, 관계의 농도는

맞손**뼉** 치지 않나 봅니다.

당신에게

여보, 나이가 드니 몸은 안 움직이고 생각만 많아지네.

한동안 사람살이, 관계에 대한 생각에 빠져 있었어. 그래서 사람살이에서 관계의 농도는 시간으로 정해진다는 결론에 이르렀지. 궁금해하고 걱정하고 고민하고 그리워하고. 서로를 향한 그러한 시간이 상대에게 바라는 관계의 농도를 결정하게 되지. 그런데 서로가 서로에게 원하는 관계의 농도가 일치해서 손뼉 치듯 명쾌한 소리가 나는 경우는 아주 드문 것 같아. 각자 상대에게 가진 바람의 무게, 상대를 향한 생각의 깊이가 같을 수가 없으니까. 그래서 그 농도의 차이 때문에 사람살이에는 갈등과 고통이 수반되는 것 같아.

그런 생각을 하다가 그 농도 차이가 나타나는 상황을 떠올려 봤어. 아무래도 밥 먹을 때 사람이 제일 민감해지고 함께 밥 먹을 때 관계의 농도 차가 가장 적나라하게 드러

난다고 생각했어.

그럼에도 불구하고 방법은 있어. 분명히 방법은 있어. 농도의 차이에서 오는 갈등과 고통을 줄이는 방법 말이야. 그건 상대가 바라는 농도를 알아차리고 그 알아차림을 넘어서 받아들이는 거지. 물론 받아들이는 일은 아프겠지. 내 마음이 깨져야 하는 일이니까. 하지만 그런 때에야만 서로가 서로에게 바라는 농도는 다를지라도 관계가 공명할 수 있을 것 같아. 그런 때에야만 서로 만나고 이야기하는 일이 반갑고 편안해질 수 있을 것 같아.

이렇게 생각은 했어도 나이 오십에 아직 눈치를 못 챙겨서 상대가 바라는 관계의 농도를 고려하지 못하고 당신이든, 애들이든, 친구든, 직장 동료든 내 마음으로만 상대를 대하는 경우가 자주 있었던 것 같아. 심지어는 상대가 내 성에 차지 않을 때 상대 탓을 하고 서운해하기도 했지. 명상으로든 일기로든 삽으로 퍼내야 할 자아가 고봉밥처럼 쌓인 하루하루네.

티눈

검지 첫마디
가운데
언젠지도 모르게
티눈이
돋아났다.

숟가락을 들 때
칫솔질을 할 때
문고리를 열 때
커피잔을 쥘 때도
하다못해
새 사람 만난 악수에도
쫓아다니며 아리던 것이
며칠 세수에 소식 없이
사라져 버렸다.

당신이 떠나고

당신의 그림자를 쫓던
마음 딱 가운데에도
언젠지도 모르게
티눈이
박혔다.

며칠이 지나고
또 며칠이 지났어도
보이지도 않는 것이
살을 파고들어
돋는다.

숨을 쉴 때마다
새로
돋는다.

당신에게

 여보, 이번에도 이별에 관한 시야. 다시 말하지만 당신은 연애 후 이별 대신에, 누구든 좋아하고 아끼던 사람을 잃어버렸거나 멀어졌던 경험을 떠올린다면 공감을 할 수 있지 싶어.^^ 그리고 앞의 〈이별의 속도〉가 이별한 그 순간의 충격에 관한 시라면 이 시는 이별의 그림자에 관한 시라고 보면 좋을 것 같아.

 얼마 전에 검지 첫마디에 아주 작은 티눈이 생긴 적이 있었어. 이게 발바닥에 모기 물린 때처럼 아주 불편하더라고. 막 통증이 있는 것은 아닌데 손으로 잡는 족족 신경 쓰이게 따끔거리고 계속 거슬리고. 며칠이 지났나? 어느 순간 봤더니 티눈이 딱지 같은 흔적만 남기고 소리 소문 없이 가라앉아 있는 거야. 그리고 이거다 싶어서 시를 썼지.

 여보, 이별을 하고 남겨지는 건 마음에 티눈이 박히는

것 같아. 처음 이별했을 때 죽을 동 살 동한 고통이 가라앉고 시간이 지나면 일상을 못 살아 내도록 몰아치는 아픔은 없지만 생활하는 족족, 사람 만나는 족족 거슬리게 아프지. 그리고 결정타는 티눈은 며칠 지나면 언제 생겼냐 싶게 사라지고 말지만, 이별로 마음에 생긴 티눈은 계속 새로 돋아서 오래오래 통증을 준다는 거야. 그 통증이 언제 사라지냐고? 안타깝게도 사라지지 않아. 그냥 가라앉는 거지. 새로운 만남이 주는 기쁨이 강렬해서 마음의 해저 어디쯤으로 가라앉아 있게 되는 거지. 심해 물고기처럼 투명하게 헤엄치면서 이상한 모양새를 띠다가도 새 만남이 주는 기쁨도 어김없이 이별의 통증으로 다가오면 해저 분화구 솟듯이 같이 솟아올라서 더 아프게 만드는 것 같아. 그게 이별의 그림자인 것 같아.

너무 겁을 줬나? 어쨌든 그러니까 당신은 헤어질 생각은 꿈에도 하지 말고 평생 내 옆에 딱 따개비같이 붙어 있어야 해. 알았지.^^

밥만

밥은 먹고 다니는 건가요

맡겨둔 것 있는 사람처럼
당당하게 그렇게
찾아오세요.

식탁을 정성스레 닦아 놓았고
보글보글 찌개도 끓고 있답니다.

밥만 먹고 가세요.

문 열리는 소리는
오신다는 소식보다 멀고
허밍 하던 곡조도 느려지네요.
돌아올 계절을 잊는 일은 있었는데
수저에 녹이 드는 일이 다 있네요.

식은 밥이 더 무서워요.

그러니 그저

사뿐히 오셔서

밥만,

먹고 가세요.

당신에게

여보, 이 시 읽고 고려가요 〈가시리〉 생각이 나지 않아? 혹시 가시리 가르칠 때, 이 시도 끼워 넣기 수업 어떨까? 수준이 낮아서 안 되겠다고? 뭐 그렇긴 하지. 하지만 이 시에 담긴 기다림의 무게는 나름 만만치 않다고 자부해.

남들은 아닌데 자기가 한 요리를 자기만 혼자서 맛있어하며 먹는 경우가 있잖아. 나는 뭔가 우울한 기분에 침잠할 때 김나영 〈봄 내음보다 너를〉이나 서도밴드 〈야상곡〉 같은 노래 듣고 나서 이 시를 읽어 보곤 해. 그래 맞아. 이 시는 슬픈 감정에 푹 절여져서 혼자 맛있어 하면서 읽는 시라고 할 수 있지.

여보, 우리는 살면서 늘 누군가를 기다리잖아. 그리고 '당신이 옆에서 있어도 나는 당신이 그립다'는 류시화 시인 시구처럼 당신이 있어서 오히려 외롭고 쓸쓸한 경우가 있지. 이 시는 살면서 누군가 기다린 마음들을 응축시켜

보려고 노력한 시야.

처음 시를 쓸 때, 사람들은 혹은 나는 언제 가장 쓸쓸할까 생각했어. 영화를 보면 연인과 헤어진 날 밥솥을 다리에 끼고 멍한 눈으로 우걱우걱 게걸스럽게 밥을 먹는 장면이 많이 나오잖아. 혼자서 하게 되는 일 중 가장 원초적이고 가장 외로움이 극대화되는 순간이 밥 먹는 순간인 것 같아. 그래서 그것을 시의 소재로 삼았지. 그리고 누군가와 헤어진 사람은 처음에는 다시 만나서 이전의 실수를 만회하고 잘 되고 싶다는 생각을 하지만 점점 헤어진 시간이 지나고 그 사람이 다시 오지 않을 거라는 생각이 강해지면 강해질수록 그저 보고 싶다는 마음만 가득하게 되지.

하지만, 보고 싶다는 말을 전하지 않는 이유는 보고 싶다는 말의 무게로 그 사람이 부담을 갖게 될까 봐. 그리고 다시 거절당하는 고통을 다시 겪을 수 없다는 두려움 때문에 차마 그 말 대신 그저 밥만 먹고 가라고 말할 수밖에 없는 그 마음. 오지 않는 사람을 간절히, 그리고 오래 기다리면서도 포기하지 않고 그저 또 기다리고 기다리는 마음. 그런 마음들을 표현하고 싶었어.

염전

예까지
슬피 왔소

바람 일면
잘게 흐느끼고

저물면
소복 차려입고

가문 햇볕 아래
수절하길 세월

이제사 앙상하니
소금이 되었소.

예까지
그리 왔소.

당신에게

 여보, 이 시에서 냄새가 나지 않아? 오래된 일기장 냄새 같은, 그런 냄새 말이야.

 그래 맞아. 이 시는 무려 25년이나 된 시야. 기억나지? 안 난다고? 그럼 얘기를 좀 해 주지. 때는 바야흐로 당신한테 첫눈에 반해서 무작정 쫓아다니던 그 짝사랑이 절정에 이를 때였지. 그때 당신이 있었던 동아리에 들어갈 용기는 못 내고 같은 건물에라도 있으면 혹시 잠깐이라도 만날 수 있지 않을까 생각을 했지. 그래서 당신 동아리와 같은 층에 듣도 보도 못한 국선도라는 명상 동아리에 가입했던 것은 지금 생각해도 미친 짓이었지. 멀리서 복도로 당신 웃는 소리는 벽을 타고 들려오고. 집중을 해도 시원찮을 판에 온 정신은 단전 대신 민중미학연구회 문으로 향했지. 그래도 당신은 여전히 철벽이었고. 그때 내 마음은 정말 말라서 갈라진 염전 같았지. 마지막 충격 요법으로 학기 중에 잠적을 선택한, 삭막하기 그지없었던 그 당시 내 마음의 풍경을 그린 시야. 그런데 염전 같이 말라 가면서도 수절하는 여인처럼 하얗게 당신만을 생각하겠다는 간절한 그 마음이 조금 느껴지시나?

  지금에선 이렇게 배 나온 아재지만 그때 내가 이렇게 순수했다.^^ 당신이라서.

능소화

능소화,
떨어져 그리운 꽃잎을
바라보다
능소화 같은 아이를 기억해 냅니다.

말수가 적어서
쉽게 속을 내보이진 않았지만
소문 없이 피어나는 능소화처럼
향나무 껍질 같은
학교생활을 견디며
자기만의 꽃을 피우던 아이랍니다.

요즘 아이답지 않게
고요히 책 읽는 모습이 익숙하지만
햇빛을 쫓아
향나무를 휘감고 오르는 능소화 마냥
사람 아끼는 마음은

열정으로 불타오르던 아이랍니다.

그런데

6월 이르게 뜨겁던 날

줄기 끝에 매달린 꽃받침 같은

추억만 대롱 남겨 두고

노을빛 꽃잎 같던 아이가

훌쩍,

떠나갔습니다.

꽃잎은 져도

기억은 남는다는 말이

그냥 남들이 하는 말이 아닙니다.

이미 진 꽃잎이

마음에 꽉 뜨겁게 박혀서는

자꾸 생각나는 일이 있어서입니다.

능소화야 내년에 다시 핀다지만

능소화 같은 아이는 기약이 없습니다.

그래서

따로 눈물을 흘리지 않을 결심이 선 것은
눈물로라도
오래오래 아주 오래오래
기억이 고여 있었으면 하는
바람 때문입니다.

당신에게

 여보, 올해는 교사 생활 중 잘 잊히지 않는 해가 될 것 같아. 교직 경력이 24년이지만 가르치던 아이가 운명을 달리한 것은 올해가 처음이어서 그래. 1학년 때, 3학년 때 이렇게 두 번이나 가르친 친구라 믿기지 않았던 사실이 교실의 빈 책상으로 자각이 되고 나니 멍한 황망함 뒤에 자꾸만 눈물이 났어. 탄천을 달리다가도, 자전거로 퇴근하다가도, 집에 혼자 앉아 있다가도 자꾸 아이 생각에 눈물이 났지. 그러면서 마냥 이렇게 우는 건 그냥 내 감정 해소하는 거 아니야 그런 생각을 하고 어떻게 하는 것이 잘 보내주는 일일까 고민을 했어. 어른이니까. 선생님이니까.

 그러다가 우연히 운동장을 보았더니 구령대 옆 향나무를 타고 오르는 능소화가 눈에 띄었어. 가까이 다가가니 향나무 둥치 옆으로 능소화 꽃잎이 뚝뚝 떨어져서 시들어 있는 것이 보였지. 그리고 능소화 앞에서 6월 일찍 찾아온 여름의 뜨거운 햇살을 받으면서 그 아이를 떠올리고 이 시의 초안을 작성했어.

   시를 쓰고 같은 처지에 있던 선생님들과 공유하고 나자, 아이 생각이 나서 일부러 능소화 무더기 핀 곳을 찾아서 능소화를 보고 사진으로 공감하는 마음을 보내오는 김땡땡 선생님도 계셨고, 교감 선생님 부탁으로 기숙사에 있는 짐을 붙여 주면서 이 시를 함께 어머님께 전해 드리기도 했어. 그러면서 능소화로, 아이에 대한 기억으로, 보이지 않는 실로 사람들끼리 이어지고 자연스레 나 혼자가 아니라 여럿이 함께 능소화 닮았던 그 아이 잘 보내 주고 있구나 하는 생각이 들었어.

   하지만 문득 생각날 때, 울컥하는 감정을 참는 일이 있는 것은 시에서처럼 오래오래 아주 오래오래 기억이 고여 있었으면 하는 바람 때문이야.

외꽃할매

어루 에리아
어허루 에리아
쿵쿵 찢는 발구름으로
봉분을 다지고
떼를 입히자마자
뙤약볕에 쫓겨 냉면집에 당도했다.

땀인지 눈물인지
물기의 허기에
냉면을 사발 째 들이켰다.
헛헛한 포만감으로
다시 열 볕 아래 나섰더니
냉면집 난간 화분에
넓디넓은 여름 잎 사이로
노오란 꽃송이 하나 숨어 있다.

아내가 무슨 꽃이야 묻길래

무심결에 호박꽃 했더니
옆에 앉은 동네 할배가 웃으며
외꽃이여 한다.

외꽃이여 하니
뜻 모를
외할매 생각에
뭉클, 마음에 다시 봉분이 솟는다.

할매요,
외롭게 떠난 할매요
할매 가고 난 마음자리에도
꽃 지고
더 노오란 참외 올라오듯
달디단 그리움이 차오르겠지요.

할매요,
외꽃할매요
그 그리움 얽히고 얽혀

세상 어떤 장맛비에도 쓸리지 않을

단단한 마음 뿌리가 되겠지요.

당신에게

여보, 외할머니… 외할머니….

음, 사람들이 의아해할 수 있을 것 같아. 우리 할머니도 아니고 외할머니 그것도 당신 외할머니인데 추모 시까지 쓴 건 감정 과잉 아닌가 하고 말이야.

그런데 당신이 '우리 외할머니가 아니라 아주 자기 외할머니야'라고 타박할 정도로 내가 외할머니 무척 좋아했잖아. 처음 뵐 때부터 나는 당신네 외할머니가 좋았어. 장인어른이 우리 결혼 극렬히 반대하실 때. 어찌어찌 결혼 날짜는 잡았는데 장인어른은 결혼식에 오지 않으시겠다고 하시고 그래서 많이 힘들었잖아. 그 와중에 무슨 정신인지도 모르고 친척 어른들 인사 다녔잖아. 그때 할머니 뵈러 갔는데 처음부터 반겨 주시고 귀여워해 주시고 방문 때마다 늘 감자며, 고구마며, 그 김치만두며, 과일이며를 배부른데 더 배부르게 내어 오셨지. 나 그때 따뜻했어. 당신네 외할머니, 외할아버지 너무 좋으신 분들이라 당신과 결혼하고 싶은 마음이 더 강해질 정도였지. 그래서 결혼 후에 외할머니댁 집안 행사란 행사에 다 쫓아다녔지.

하지만 연로하신 할머니가 수술을 이기지 못하고 중태에 빠지시고 결국… 아… 더 못 쓰겠다. 그냥 할머니 잘 보내드리고 싶었고, 기억하고 싶었고, 할머니 그리워서 쓴 시다. 더 이야기 풀어내면 당신도 아플 것 같아서 못 쓰겠다.

그래도 나 말이야 아직도 용인 좌전 시골집 문 열 때는 거실 바닥에 앉아 계시던 할머니가 돌아 앉으시면서 '정서방 왔는가' 하시면서 웃어 주실 것 같다.

당신에게

바람은 부는 것이 아니라
내가 달려서
일으키는 것이다.

딛는 발 구름이 바람이고
내젓는 손이 바람이고
뱉는 숨이 바람이다.

저기 바람을 맞고
선
당신,

바람이 돼라.

숨, 끝까지
달리고 달려서
휠~ 휠~

끝이 시작인

바람이 돼라.

당신에게

 여보, 이 시는 제목과는 달리 당신이 아니라 이땡땡이라는 제자에게 주려고 쓴 시야.^^

 이 녀석이 열심히 공부했는데 교사 임용 1차도 아니고 2차에서 아쉽게 떨어져서 기간제 교사로 우리 학교에 와서 근무를 했어. 술도 한 잔 사 주면서 조언도 해주고 했어야 했지만 기회를 놓쳐서 뭔가 미안한 마음이 들었지. 그래서 기운 차리게라도 해 주고 싶어서 전해 준 시야.

 그런데 여보, 내가 얼마 전까지 척추분리증으로 고생하다가 몸을 좀 회복하고 슬로우 조깅을 시작했잖아. 그때 달리고 땀 흘리고 있으니 내가 막 살아 있는 것 같은 거야. 우울감도 많이 벗어날 수 있었고 뭐든 다 할 수 있을 것 같은 긍정적인 생각도 들더라고. 그래서 그 긍정적인 에너지를 전하고 싶었어. 땡땡이도 실패로 실의에 빠져 있기보다 뭔가 다시 도전해 봤으면 좋겠다는 생각을 했어. 숨

넘어가도록 끝까지 달리는 것처럼 자기 스스로 설정해 놓은 한계 끝에 닿도록 열심히 준비하고, 끝이 시작인 것처럼 그 자기 한계를 넘어서 새로운 시작을 만들었으면 좋겠다는 바람을 담았지. 어때? 여보, 이제 남편이 좀 괜찮은 교사로 보이나?^^

땡땡이가 이 시 읽고 기운 차리고 임용 합격했으면 좋겠다. 영어 선생이니까 영어로 번역해서 실의에 빠져 있는 학생들한테 이 시 가르쳐 주면 더 좋겠다. 마음과 마음이 대(?)를 이어 이어지는 기쁨. 긍정의 선순환이 일어나는 거지. 생각만 해도 신나는구먼.^^

마음 항아리

누구나 슬픔 하나쯤은 감추고 산다.
마음마다 항아리를 묻고
그 속 깊이 슬픔을 넣어 두고
웃으며 즐기며 살아가다가

새벽녘 목마름이
잠을 깨우고
항아리 뚜껑도 열어젖히면
마음은 그제야
온통 슬픔으로 채색된다.

보이지 않는 항아리라
크기도,
깊이도,
가늠할 수 없지만

보이지 않아

오히려

서로 보듬어 줄 수 있다.

서로 온기로 채워질 수 있다.

서로 토닥이는 눈물로 흩어질 수 있다.

당신에게

 여보, 이 시 얘기를 하려면 말 꺼내기가 어렵지만 아무래도 작년을 이야기하지 않을 수 없지.

 작년을 생각하면 당신한테 고맙고 또 미안한 마음이 이만저만 하지 않아. 당신이 보기에도 확실히 나는 우울증이었지. 확실히. 그때는 새벽이 두려웠어. 당신과 같이 누워 있었지만 홀로 누워 있는 시간 같았어. 불면은 낮에 닫혀있던 마음속 항아리 뚜껑을 열어젖히고 저 밑바닥에 웅크리고 있는 슬픔을 꺼내서 데리고 왔지. 아주 환장하는 일이었어. 이유 없이 죽고 싶다는 생각이 머릿속에 차서 다른 생각이 들어올 틈이 없었지. 이리저리 뒹굴다가 거실 바닥에 바람 빠진 광고 인형처럼 푹 꺼져 앉아 있을 때, 당신이 '오빠 왜 그러고 있어!' 하고 죽비를 내려쳐야 제정신을 차리기도 했지. 당신이 그렇게 나를 침범(?)하지 않았더라면 나는 어떻게 됐을까? 당신이 두 군데나 사주보고 와서 '지금은 삼재다. 내년에는 좋아진다. 오빠 잘못 아니다. 그냥 운이 안 좋은 거다.' 그렇게 위로해 주고 희망을 주지 않았다면 또 정말 어떻게 됐을까? 당신이 그 밤에 아무것도 묻지 않고 그냥 '괜찮다 괜찮다' 하면서 토닥여 주지 않았다면….

그래서 여보, 고마워. 다시 살게 해 줘서.

그리고 나는 나와 같은 시기를 겪고 있을 누군가에게 그럴 수만 있다면 정말 그럴 수만 있다면 이 시가 당신이 되었으면 좋겠어.

빗소리

늙는다는 것은
낡아지는 것이 아니다.
밝아지는 것이다.

후두둑,
먼 데서부터 들리는
빗소리에
귀를
쫑긋 세우는 것이 아니라

소리 없이 내리는
마음의 빗소리에
새벽녘부터
귀가
밝아지는 것이다.

당신에게

 여보, 나이가 들면서 새벽에 깨는 일이 빈번해졌어. 야간뇨 같은 생리현상 때문이기도 하지만^^ 온갖 상념 때문이기도 하지.

 올해 길고 더웠던 여름밤이 거의 지날 때쯤이었어. 에어컨을 켜기에는 애매하고 습한 기운이 있고 해서 창문을 열고 잤는데 후두둑 빗소리가 새벽 잠을 깨웠어. 새벽마다 하도 깨니까 오히려 그때는 덤덤하더라고. '또 깼구나' 하면서. 그리고 가만히 누워 있으니까 세상이 모두 잠들어 있고 오직 빗소리만 들리는데, 조용히 듣고 있으니 비가 계속해서 주룩주룩 내리는 것은 아니더라고. 약해졌다가도, 멈추는 듯하다가도, 먼 데서부터 쏴아~ 하면서 몰려오더니 가까이에서는 후두둑 타다닥 사방 두드리는 소리가 들리더라고. 그러다가 빗소리가 잦아들 때쯤에는 빗소리처럼 요동치던 감정도 이내 차분히 가라앉아서 온전히 나에게 집중이 되는 느낌을 받았어. 그 느낌을 놓치고 싶지 않아서 거실로 나가서 스탠드 불빛에다 이 시를 써 내려갔지. 시를 쓰고나서 적어도 '내가 내 늙음에 대해 서글퍼하고 있지만은 않았구나.' 하는 생각에 아주 만족스러웠어.

그런데 여보, 요즘에 가끔 우리 학교 선생님들께 시 편지를 보내드리고 있는데. 이 시는 50대 이상 선생님들의 반향이 아주 좋았지. 교장선생님께서도 좋으셨는지 사부님께 이 시를 보내 드렸더니 사부님도 새벽에 빗소리 때문에 깨시긴 했데. 그런데 시는 고사하고 시끄러워서 창문을 닫아 버렸다는 얘기로 웃음을 전해 주시기도 하셨어.^^ 어쨌든 다들 나이 듦에 대해서 고민이 있으셨나 봐. 나태주 시인 따님인 나민애 교수님 말처럼 시를 읽는다는 건 마음 조각을 나누는 일이라고 했는데 50대 동년배들과 마음 조각을 나누고 나니 오히려 충만해지는 기분이 들었어.

그런데 여보, 당신은 이 시로 마음 조각 나누면 안 되는데. 당신은 아직 40대라 새벽 빗소리 잘 들리면 안 되는데. 벌써 들리면 안 되는데. 안 되는데.

새벽비

불면을 불러오는
빗소리
쇠창살처럼 방을 가두면
차라리
누워 눈감고 비를 응시한다.

아스팔트에 총알을 난사하고
양철지붕을 갈가리 찢기도 하고
쓰레기 봉지를 사방으로 터트리기도 하고
요란하게 난동을 부린다.

토굴 같은 어둠을 열고
어슴푸레 아침이 기어 나올 즘에야
빗소리는 잦아든다.
잦아들다가 싹 쓸려
지난밤처럼 캄캄한 하수구로
흘러간다.

세상에

종일 두드려 맞은 날도

다,

물 자국만 남기고

어제로 흘러간다.

언제 내렸냐는 듯

사라진다.

새벽비처럼

당신에게

 여보, 아마 당신은 '에이 또 비야? 게다가 새벽비? 이 시도 50대들 마음 조각 나누는 시인가?' 이런 의문이 들었을 것 같은데. 아니야. 이 시는 50대 아니고 20대를 위한 시랍니다. 아홉수에 걸려서 허덕이고 있는 내 학교 딸 4년 차 손땡땡샘 알지? 그 선생님에게 전해 준 시야.

 우리 그런 날 있잖아. 잘못한 거 하나 없는데 세상에게 온통 두드려 맞은 것 같은 날. 출근 때부터 신호란 신호는 다 걸리고 하는 족족 깨지고 안되는 날. 사주 앱 접신 50점인 날. 빨리 집에만 가고 싶은 날. 땡땡샘에게 그날이 그런 날이었을 것 같더라고. 실수하고 깨지고 또 실수하고 자존감이 무너지고 그래서 우울해져 살다가 이 상황에서 탈출하는 마지막 카드로 단단히 마음 먹고 관리자분들에게 대학원 공부 허락을 요청드렸지만 어려운 학교 상황 때문에 거설당해서 더 좌절하고. 땡땡샘 하소연을 들었는데 위로해 줄 마땅히 방법을 못 찾고 있다가 대신 이 시를 전해 줬지.

시에서 전하는 메시지는 흔한 거야. 당신도 눈치챘지. 그래 그거. '다~ 지나간다.' '미친 듯이 쏟아지던 새벽 비가 아침이면 언제 내렸냐는 듯 사라지고 없듯이 오늘 겪은 수모, 서운함, 고통도 다 어제로 지나갔으니 내일을 봐라. 땡땡 딸!' 그런 얘기하고 싶었지. 그래서 50대의 새벽잠을 또 깨우던 빗소리가 재료가 돼서 뻔한 메시지이지만 그래도 20대에게 또 한 번 마음 조각을 나누게 됐지.

스핑크스의 질문

가까울수록 흐려지고
멀수록 선명해지는 것은?

추억

그리고

노안

첫째 답을 찾은 사람은
내일에 대한 기대보다
어제에 기대는 것이 즐거운 사람이다.

지난 일들을 곱씹으며
덧칠된 감정의 퇴적물을
오로지 진실로 믿어서,
결국 예쁘나는 연예인은 죄다

첫사랑과 겹친다.

둘째 답을 찾은 사람은
실존과 마주한 사람이다.

네이버 사망 기사 사연을
이유 없이 끝까지 쫓아가고
쏘팔메토, 에스트로겐
옥타코사놀, 감마리놀렌산
내 몸이 끔찍이 아까워
몸에만 좋다면
돌도 삶아 먹을 기세다.

순순히
답을 찾은 사람에게
스핑크스가 다시 묻는다.

그럼, 가까울수록 선명해지고
멀수록 흐려지는 것은 뭘까?

당신에게

여보, 이 시는 태생(?)이 좀 특별해.

우리 교무실에 류땡샘이라는 따뜻하고 성격 좋은 선생님이 계시거든. 그분의 노안 안경 맞춤 기념시라서 그래. 땡땡샘이 노안 안경 맞추시고 오셔서 나이 듦의 쓸쓸함에 대해 이야기하셨어. 나도 그런 기분 들었던 적이 있어서 이러저러한 얘기를 나누었지. 노안은 질병도 아니면서 가장 나이 듦을 강렬하게 느끼게 하지. 왜냐면 눈뜨고 있는 매 순간순간 만나는 나이 듦이거든. 그런 공감대를 기저에 두고 나이 듦의 의미에 대해 고민해 본 시야.

제목이 스핑크스의 질문인 이유는 이 질문이 삶과 죽음 가르는 중대한 질문인 스핑크스의 질문 정도의 무게감을 갖는다는 의미를 부여하기 위해서야. 그런데 질문에 대한 당신의 답은 뭘까? 아마 시에 나온 두 대답 중에는 없었을 거야. 당신은 아직 섦으니까. 누가 봐도 누 대답 모두 나이

든 사람의 대답 같잖아.^^

첫 번째 대답인 추억이 더 납득가는 사람들은 추억의 정점인 첫사랑에 집착하는 사람들이지. 소위 '라떼는 말이야' 일족이지. 옛날이 좋았다고 노래 부르고 결국 첫사랑을 왜곡된 기억 속에서 전지현으로, 정우성으로 미화시키는 사람들이지. 그리고 두 번째 대답인 노안이 납득가는 사람들은 노안이 오기 전 사람들에 비해 생존 그 자체에 집착하는 사람들이라고 할 수 있지. 소문으로 들려오는 누군가의 죽음이 남 얘기 같지 않고 이름도 제대로 모르면서 온갖 몸에 좋다는 약들을 밥보다 더 많이 챙겨 먹고.

하지만 인생이 그렇게 짧고 단순하지 않잖아. 그런 나이 듦에 절여 있는 사람들에게 다시 젊어짐에 대한 질문을 던져 보고 싶었어. 물론 나에게도. 그게 마지막 연이지.

그런데 마지막 질문에 대해 우리 학교 최고 나이 듦 중에 한 분이신 고땡땡 선생님이 재치 있게 던져 준 답변이 있어. 뭘까요? 음, 그건 바로 일기예보야. 재밌지?^^ 그럼 과연 아직 나이 듦에 들지 않은 지혜로운 당신의 두 번째 질문에 대한 답은 뭘까? 그 답이 노안 안경 땡땡선생님이 다시 나이 듦을 잊고 젊음을 찾아가는 빛이 되기를….

간을 맞추며

미원으로 꽃단장을 시키고
원두로 날개를 다는 것도 좋지만
나는 식초가, 소금이 좋다.

식초는 차갑지도 않으면서
물회에, 냉면 육수에 자맥질해서
시원한 맛을 캐어 입맛으로
끌어 올린다.

소금은 제 꼴을 없애고
암행어사처럼 잠행해서
이리저리 탐문하다 맛이
가난한 집에 귀신같이 찾아든다.

요리가 손에 익듯
돋보기가 손에 잡히는
늙음의 초입길에서

소금처럼 식초처럼

내 꼴을 고집 않고

숨은 매력도 찾아 주며

사람과 사람 사이

간을 맞추면서 함께

어우렁 더우렁

살아가고 싶다.

당신에게

 여보, 내가 좋아하는 내 별명이 뭐야? 그래 맞아. 요설남! 요!리하고 설!거지까지 하는 남!자. 언제부터인가 내가 지은 내 별명에 당신까지 묶어서 요즘엔 가끔 해 주던 설거지도 드물어서 내가 좀 불만이기는 하다. 그래도 요리를 좋아하는 마음은 변하지 않지.

 여보 내가 이렇게까지 요리에 빠진 것은 분명 사주 탓이겠지. 본 사주인 일주에 식신(食神)이 있는 사람들이 음식에 민감하고 요리사들도 많다고 당신이 그랬잖아. 여보, 나는 교사라는 내 직업과는 상관없이 타고난 천성으로 믿어지는 그 요리를 할 때, 기분이가 참 좋다.^^ 온 집중으로 준비를 하고 요리를 하는 순간이 우선 좋고. 설레는 마음으로 요리를 내고 딸들이 콧소리로 음~ 하고, 직장에 있는 맛 평가단들이 눈웃음과 함께 진실의 미간을 찌푸릴 때 나는 정말 인생의 절정을 느끼는 것 같아.

그런데 처음 요리할 때는 치킨스톡, 굴 소스, 참기름, 맛간장, 고추장, 설탕을 다루는 것이 재밌었어. 제가 돋보여서 입에 달라붙은 맛을 내는 자극적인 놈들인데. 잘 다루는 일이 즐거웠지. 하지만 남자 주부로 자신의 정체성을 확립하고 딸들이 어느 때부터인가 아빠 대신 엄빠라고 부르던 즈음부터는 소금과 식초 같은 녀석들이 즐거워졌어. 소금은 자기를 고집하지 않으면서 어디든 베어 들어 맛과 맛을 이어주고 식초도 몹시 튀는 놈 같지만 못지않게 음식에 섞이면 제 맛을 잊고 새로운 맛을 살려 주거든.

여보, 예전에 나한테는 나만 알고 자기 멋에 살았던 천둥벌거숭이 시절이 있었잖아. 그래서 사람들과 트러블도 많았고. 하지만 새치머리가 익숙하고 어디 한 군데 안 아프면 오히려 걱정이 드는 이제는 소금이며 식초며 녀석들처럼 사람들 사이에서 어우렁더우렁 그렇게 살아가고 싶어. 그런 바람을 시로 표현하고 싶었어.

수국이 나에게 말했다

볕도 잘 들지 않는 곳에서
무슨 힘으로
긴 겨울을 견뎠니 하고 물었다.
가을에 떨어져 내린 잎들
거름된 힘으로 살아 냈니 하고도 물었다.

가만히
들여다보니
꽃샘추위 맞은
수국이 나에게 말했다.

제 잎이 거름이 되는 일은
아직,
시간이 필요하다고.

늘 서둘러 자라고 싶은
내 마음에게

겨울 내 숨죽이다가
이제사 꽃자리 내민
수국이 돌멩이 하나 던졌다.

당신에게

여보, '스핑크스도 아니면서 무슨 질문을 이렇게 좋아해'라고 할 수도 있지만 내가 또 질문을 하지? 내가 제일 좋아하는 꽃이 두 가지 있는데 그게 뭘까? 연꽃. 맞았어. 그리고 또? 맞았어. 수국이야. 당신이 모를 리가 없지. 작년 겨우내 내가 무슨 신줏단지 모시듯 수국 화분을 끼고 살았으니까.^^

여보, 장모님께 선물로 사 드렸던 수국을 겨울에 우리 거실에서 키웠잖아. 잎이 다 지고, 누렇고 앙상한 가지만 꼿꼿이에 갈대 꽂히듯이 꽂혀 있었지. 얘가 과연 살 수 있을까 하는 생각에 안타까운 마음도 들고 그 모습이 황량한 내 마음 같아서 정이 가더라고. 목말라 보이면 물을 주고, 햇볕도 쬐어 주고, 흙도 골라 주고, 날이 좀 풀린 날에는 창문 열어서 맑은 공기도 쐬어 주고, 새벽에 깨면 옆에 앉아서 이야기를 나누고. 무슨 장미 키우는 어린 왕자처럼 정성을 쏟았지.

그렇게 긴 겨울이 지나고 마른 가지에 새싹이 돋는 듯하다가 그 사이를 비집고 꽃자리가 돋아나오는 거야. '죽지 않았구나. 다행이다.' 긴 기다림이 보상을 받은 것 같아서 무지 기뻤어. 그런데 꽃자리랑 새싹 옆에는 작년에 떨어진 수국 잎들이 누렇게 말라 있었지. 시간이 꽤 흘렀는데도 아직 거무스름한 거름이 되지는 않았더라고. 작디작은 꽃대에서 꽃이 피려면 그 마른 잎들이 썩어서 거름이 될 때까지 더 시간이 필요할 것 같더라고. 그리고 수국과 이야기를 나누다 보니 그런 생각이 드는 거야. '나는 늘 서둘러 무언가 이루어지기를 바랐구나. 내가 노력하면 뭐든 결과가 바로 따라올 거라 믿고 살았구나. 살다 보면 분명 그렇지 않을 때가 더 많은데 그것을 받아들이지 못하고 이렇게 힘들어하고 있었구나.' 하는 생각. 수국 볼 때마다 그런 생각을 하니 세상에 치여서 상처받았던 마음이 많이 회복될 수 있었어.

여보, 요즘 당신은 사는 게 어때? 혹시 내가 모를 마음병이 자라고 있는 거는 아니야? 혹시 걱정 인형 같은 친구 필요해? 필요하면 내 수국 친구 소개해 줄게.^^

슬픔 공부

산책길에
품 안에서
쌈짓돈 꺼내듯
아내가
얘기한다.

높은 곳
빛나는 곳은
공부가 필요 없어.
욕망하면
누구나 보여.

그런데
낮은 곳
어두운 곳은
공부가 필요해.
애써야

겨우 볼 수 있으니까.

그래서
슬픔은
공부가 필요해.
가장 낮은 곳에서
솟는 샘물 같은 거라
빡센 공부가 필요해.

빡세도
사람들이
슬픔을 공부해야
더 좋은 세상이 될 거야.

오빠, 그치?

당신에게

여보, 당신은 기억력이 좋지 않다면서 늘 까먹잖아.

잘 기억 못하는 여보, 이 시 읽고 당신은 '누가 이런 얘기를 했어? 기특하네.' 하고 있을 것 같은데 이거 당신이 했던 얘기야. 뭘 그렇게 놀라. 하루 이틀도 아닌데. 어쩌면 처음 입 맞춘 날도 기억 못 하고 있을 것도 같은데…^^

어쨌든 여보, 기억 못 하는 당신 기억을 좀 되살려 볼게. 살다 보면 일상인데 기록해서 기억하고 싶은 날이 있잖아. 이 시를 쓴 날이 그런 날이었어. 걷는 것을 죽어도 싫어하던 내가 나이가 들었는지 요즘에는 당신이랑 탄천 산책하면서 걷는 거 좋아하게 됐잖아. 우리가 탄천에서 산책하며 만드는 풍경이라는 게 평상시에 당신은 한쪽에 이어폰을 끼고 핸드폰에 BTS 석진이가 나온 인스타그램을 보며 늘 웃으면서 걷고 나는 혼자 떠들고 그렇잖아. 내가 질문힐 때마다 당신은 듣고 있는 시늉을 하려고 '응, 응' 기계적으로 답변하잖아. 그러다가 나는 잠시 생각하는 건데 당신이 뭘 묻는 줄 알고 '응, 응' 하고 대답해서 황당해하기도 하고.^^

그렇게 산책이 이어지다가 그날 우리는 선생들답게 요즘 학생들 얘기를 하고 있었잖아. 그런데 그때는 웬일로 당신이 이어폰을 안 끼고 핸드폰도 안 보고 무려 날 쳐다보면서 이야기했지. 슬픔은 공부가 필요하다고. 우리 학생들은 슬픔 공부가 필요하다고. 특히 남학생들. 아마 당신이 이야기했던 슬픔은 정호승 시인의 슬픔 같은 거라 이해했어. 낮은 곳, 어려운 곳에 살아가고 있는 사람들에 대한 연민과 공감 말이야. 욕망의 시대를 살고 있는 우리라서 슬픔이 자연스럽게 흘러나오지 않고 공부해서 두드려야 문을 열고 흘러나오는 지금. 당신 얘기 듣고 큰 울림이 있어서 기록도 하고 나도 아이들에게 슬픔을 가르쳐야지 하는 마음을 먹었지. 어때? 그날 기억이 좀 나시나?

50원짜리 시

북서 월남해
이름 대신 동포 아재네 전방
해태 냉동고에 누워
목이 꺾여도 나만 기다려 주던
쮸쮸바는 50원

첫사랑처럼
눈 깜빡일 사이에 사라지고
마지막 한 방울
온 볼을 쏙 당기고
혼신을 다해 빨아 재끼던
세상 간절했던
쮸쮸바는 50원

쮸쮸바는 고사하고
매장 진열 후크 고리 하나
남성 매너 유두 밴드 스티커 한 개

50원인 세상에

내 시가 50원.

도파민에 순삭되는

시간 속에서

마음의 앙금을

돌김처럼 박박 긁어모은

내 시가

쮸쮸바만큼 딱 50원

당신에게

　여보, 도시 사람인 당신은 모르겠다. 80년대에 아이스크림을 팔던 곳은 편의점이, 아이스크림 할인점이 아니라 소위 전방이었어. 강원도 바닷가 그 흔한 중국집 하나 없던 깡촌에도 간판 없는 전방이 있었는데 그곳에서 제일 인기가 있었던 아이스크림은 브라보콘도 아니고 죠스바도 아니었지. 그건 바로 쮸쮸바였어. 쮸쮸바가 50원 하던 시절이 있었어. 그땐 그랬지. 그 맛나고 간절했던 여름 간식값이 겨우 50원이었어. 혹시나 해서 네이버를 검색해 보니 지금 50원에 살 수 있는 물건이 고작 매장 진열 후크 고리 하나 그리고 어이없게도 남성 매너 유두 밴드 스티커 한 개가 전부더라고.

　내가 지금 이러는 것은 옛날이야기로 혹은 그 시절로 라떼(?) 이야기를 하고 싶어서가 아니야. 시를 쓰는 내 마음에 대해 이야기하고 싶은 거야. 시를 쓴다는 게 거창하고 어려운 일이 아니고 내 시가 그런 마음으로 쓴 것이다 보니 오래 기억에 남고, 먹먹함을, 오열을 불러오는 대단한 작품은 분명히 아니겠지. 어쩌면 내가 쓴 시는 남성 매너 유두 밴드 스티커처럼 세상에 뿌려져서 있으나 마나 한 시이기도 하겠지. 하지만 나는 시를 쓸 때 마지막 한 방울이 세상 간절했던 쮸쮸바만큼 간절한 마음을 담아서 한 글자, 한 글자 적어 나가고 있다는 얘기를 하고 싶어서지. 그러나 안타깝게도 이렇게 애쓰는 창작열과는 달리 여전히 50원짜리 수준은 변하지는 않는다.^^ 10년 있다가 나올 두 번째 시집에서는 브라보콘 정도가 될 수 있을까….

백수

하나쯤은 새로 시작해야 한다기에
종일 서성이다가
손을 닦는다.
방황을 재우는 건 오직
벽지에 붙박인 꽃잎처럼
누렇게 풍겨 오는 추억.
마감하듯 하품은 일고
이별한 사람 핑계 삼아
늦잠을 청해 볼까?

설핏 잠 깬 아침나절엔
새로이 재생된 추억이 있으려나.

당신에게

 여보, 이 시는 군대 제대한 뒤 1년 가까이 아르바이트하고 두 달 정도 놀고 있을 때 썼던 시야.

 앞날에 대해 불안해하면서도 막상 아무 준비도 하지 않고 빈둥빈둥하고 있던 시기였어. 전형적인 백수의 모습이었지. 해가 중천에 떴을 때 일어나서 꾸역꾸역 밥을 먹고 목적 없이 거리를 서성거리다가 집에 와 누워서 뒹굴뒹굴했지. 핸드폰도 없던 시절이라 천정에 벽지 모양 보면서 이리저리 다른 형상을 상상해 보기도 하고 그래도 심심해지면 지난 일들 생각을 하다가 그것도 지루해지면 또 잠을 청했지. 다음 날도 같은 일상을 반복했고. 스스로 한심해하기도 했고 막막하기도 했던 스물두 살 그때였어.

 이쯤 되면 딸내미 생각을 안 할 수 없지. 취직을 위해 졸업을 미뤘지만 막상 준비된 것도, 발휘할 능력도 두드러지지 않아 막막함에 유튜브 쇼츠에 침잠해 있는 그 녀석.

당신의 불면인 그 녀석. 하지만 우리 알고 있잖아. 그 녀석의 성실함과 수십 대 일의 경쟁률을 뚫고 그 어렵다는 문과 편입에 성공한 저력을. 녀석을 어떻게 도와야 할지 모르겠지만 잘될 거라는 막연하지만 분명한 믿음을 꼭 채우고 녀석을 바라봅시다. 우리도 스물 몇 그때 방황하던 시절이 있었으니까.

타행

잊어버리자고 떠난 건 아니었다.
여기, 전라도 즈음인가?
잔뜩 옥죄인 하늘이다.
닥치는 걸음에 쫓기던
엄지발톱이 아린다.
이제야 통증을 찾았다.
낯선 대문 앞에 서서
아직은 남아 있을
온정을 두드려 보지만
웅크린 소식은 멀고
어슴푸레 새벽이
처마 끝에서 절뚝일 때
우둑,
오동 꺾이는 소리가
선잠을 깨운다.

때론 낙숫물같이

상처받는 일로

일생을 채울 수 있다.

당신에게

 여보, 이 시는 시집 내려고 시를 모으던 중에 〈중세 국어 문법론〉 책에서 발굴해 냈어. 표지 다음 빈 여백에 고치고 고친 흔적이 있는 이 시를 이번 참에 정갈하게 정리해 봤지.

 내가 싫어하는 문법. 그중에서 더 싫었던 중세 문법. 얼마나 공부하기가 싫었겠어. 그렇다고 딴 짓을 하는 것은 너무 죄짓는 것 같고. 그때 시 쓰는 건 양심을 자극하지 않으면서도 절묘한 현실 도피처였지. 대학교 4학년 결혼 후 임용까지 단 2개월, 복중 태아, 복학 대기 당신. 사람들의 시선. 나 말이야. 그때 상상 속에서라도 어디로든 도망치고 싶었나 봐. 전라도 어디쯤이 상상의 한계인가. 밤새 걸어서 도착한 어느 기와 시골집에서 퇴짜를 받고 담벼락에서 노숙하다가 우둑 오동잎 꺾이는 소리에 잠에서 깨고 처마 끝에 떨어지는 낙숫물을 보면서 상처받은 일을 떠올리는 사람. 무언가 삶의 무게에 짓눌려서 평생 상처 받으며 살 수 있을 것 같다고 두려워하던 사람. 그때의 나였지.

그런데 그때 당신은 어땠을까? 대학교 2학년 결혼, 복중 태아, 복학 대기, 사람들의 시선, 게다가 자기 연민에 빠진 학생 남편까지. 당신은 어디로 떠나고 싶었을까? 마음속에서 어디까지 떠나고 싶었을까?

원복(原福)

60년 넘어 해로한 할매

먼저 보낸 지 두 해.

노란 볏단을 움켜쥐고 웃던

천상 농부 원복 씨는 어디 가고

마른 명태 같은 웬 영감이

백내장에 초점 잃은 눈으로

연신 도리도리를 치며 바닥에 주저앉아 있다.

오랜만이라 어색했는지

또 좀 외로워도 보였는지

손주사위 놈이 위로랍시고

할아버지 손녀딸 보고 싶으시죠? 하니,

음…

아…

음…

오래 입 다물고 있다가

갑자기 한마디 하는 영감.

가 가아가 어… 음… 선생이라 바바브지 아아마
한다.

우리 원복 씨
마음에 가득 고였을,
고였다가 흘러넘치고
다시 고였을
그 보고 싶다는 말을
쉬이 흘리지 않는다.

인연 끊긴 사랑이
사람을 아무리 감해 가도
원복 씨 원래 복은
수전증에도 도리질에도
떨어지지 않는
보름달 달무리 같은 저 마음이야
제 바람은 늘 뒤로 물리고
자식들 생각에
삼키고 삼키다 우눌이 된 저 마음이야.

당신에게

 여보, 이 시 읽고 당신은 외할머니 그리면서 쓴 시 〈외꽃할매〉때처럼 또 '모르는 사람이 보면 자기 외할아버지인 줄 알겠네'하고 타박이겠지.

 외할아버지는 초등학교도 안 나오신 천상 농부이지만 우리 둘 다 세상에서 가장 존경하는 어른이시잖아. 나이 듦의 롤모델인 외할아버지 같으신 찐어른이 가까이 있으시다는 이유 때문이라도 어쩌면 '나랑 당신은 참 복 받은 사람이다.'라는 생각을 하기도 해. 할아버지는 가난하게 사셨지만 늘 온화하시고 헤아려 주시고 넉넉하셨잖아. 자신에게 상처가 나더라도 험한 얘기, 상처받을 얘기는 입 밖에 꺼내시지도 않으셨잖아. 나도 할아버지 뵈면서 그런 마음 품을 가진 어른이 되고 싶다는 생각을 했어.

 그런데 우리, 외할머니 돌아가시고 나서 외가댁 방문이 뜸했었잖아. 1년이 더 지나서 할아버지 뵈러 갔는데 나 너무 놀랐어. 그전에도 병색이 있으시긴 했지만 천상 농부에, 건장하셨던 할아버지는 어디 가고 살이 쏙 빠진 할아버지가 연신 도리도리치고 바닥에 앉아 계시는 거야. 60년 해로 하시면서 한 눈 한 번 안 파시고 서로 아끼시던 할머니 그렇게 보내시고 그냥 쇠락해 버리셨더라고. 늘 손주인데도 문밖까지 나와서 배웅해 주셨는데 거동도 불편하셔서 일어서서 보내 주지도 못하시는 거야. 운전하고 오면서 내가 얼마나 울었는지 몰라. 죄송스럽기도 하고, 안타깝기도 하고, 서글프기도 하고. 그런데 할아버지가 당신 보고 싶다는 말을 끝내 안 하시더라고. 내가 아무리 잘한들 한 다리 아니 두 다리 건너 손주사위잖아. 당연히 손녀딸이 더 보고 싶으셨겠지. 그런데도 빈말로라도 보고 싶다는 말씀을 안 하시고 오히려 당신 변명을 대신해 주시더라고. 그 마음을 헤아리니 내가 또 눈물이 나서 운전이 어려울 정도였지.

여보, 할아버지 함자가 원자 복자잖아. 그래서 생각했어. 할아버지께서 타고난 원래 타고난 복은 그 속 깊은 마음. 자기 바람보다 자식들 먼저 헤아리는 속 깊은 마음이라고 생각했어. 그리고 그 생각을 시로 담아 보았지.

여보, 이 시 읽으니까 할아버지 뵙고 싶지? 우리 재수생 딸 시험 끝나면 제일 먼저 부드럽고 달달한 카라멜 커스터드 푸딩 만들어서 같이 뵈러 가요.

잔소리

아침나절마다
따귀 치듯 쏟아지는
엄마의 잔소리는
홍삼 엑기스 한 스푼만큼
띵하니 잠을 깨운다.

냉국에 녹아서
간을 맞추기도 하고
핸드폰 화면에
2진법으로 흐르기도 하고
뒤축 닳은 슬리퍼처럼
내 귓가 어딘가에 뒹굴다가
후다닥 닫힌 문을 워프해서
쫓아 나오기도 한다.

길디긴 실타래에 묶여
어디든 쫓아 온다.

회사 모니터에
친구 만난 술자리에
변비로 힘든 볼일 자리에도.

뒤늦게라도 귀가하면
암모나이트급이래도 타격감 좋은
마무리 펀치
'핸드폰 그만하고 일찍 자!'로
하루가 마감된다.
그런데 살다 보면 드물게
고요한 아침이 찾아오는 날이 있다.
잔소리의 밀도가
옅어진 날이다.
그런 날엔 꼭 엄마가
아프다.

잔소리 없는 날이면
삶이 꼭
기름 없어

엔진 꺼진

바지선 같다.

바다 위에 덩그러니 떠서

나는 갈 곳을 몰라 한다.

당신에게

여보, 이 시 읽고 나니 엄마 생각이 나지?

며칠 전에 당신이 '엄마가 잔소리 엄청 하는데 잔소리하지 않는 날에는 꼭 엄마가 아파'라는 말을 쓸쓸하게 하는 것을 보고 느낌이 와서 이 시를 쓰게 됐지.

사실 나는 고등학교 때부터 부모님과 따로 살아서 부모님 잔소리를 들어 본 기억이 거의 없어. 오히려 지금 같이 살고 있는 장모님 잔소리를 더 많이 듣고 살았지. 장모님은 원복 할아버지의 큰딸이셔서 원복 할아버지를 닮은 듯도 하지만 잔소리만큼은 외할머니를 쏙 닮으신 것 같아. 살아생전 외할머니는 매일 전화하셔서 장모님께 잔소리하셨던 기억이 나네.^^ 뭐 사랑하는 장모님을 디스하자는 것은 아니고, 잔소리가 사랑에 비례한다는 얘기를 하고 싶은 거야. 관심과 애정을 표현하는 방법이 서툰 우리네 부모님의 사랑이 잔소리 아닌가? '사사건건 잔소리는 사사건건 사랑이다.' 이런 생각을 하는 거지. 우리 딸들도 잔소리 듣는 거 나만큼이나 싫어하잖아. 혹시 딸들이 이 시 읽고 당신 잔소리가 어떤 의미인지를 생각했으면 좋겠다는 바람도 갖게 되네. 그리고 무엇보다 우리 장모님이 우리 딸들이 손녀 낳을 때까지 쭉 잔소리해 주셨으면 더할 나위 없이 좋겠네.

석근이
우리 기억하십시다

 녀석의 유골이 담긴 나무상자에 눈마냥 하얀 장갑을 끼고 손을 넣었습니다. 아직 불기가 남아서인지 잠시 따뜻함을 느끼다가는 늘 받기만 했던 내 마음이 부끄러워 꼭 반 움큼만 집었습니다. 그리고 뼛속까지 파고드는 강원도의 시린 바닷바람 속으로 그렇게 녀석을 흩어 보냈습니다. 녀석의 이름은 김석근입니다. 농고를 나와 소위 양아치 생활을 하다가 스무 몇 살이 넘어서자, 나이 먹어 쪽팔린다며 양아치 생활을 접고 노가다 판을 전전하던 그 김석근입니다. 그래도 김석근이는 마냥 순수한 놈입니다. 초등학교 2학년 그 무렵 손가락 걸며 우린 동네 형들처럼 담배 피우지 말자고 꼭 약속하고선 그 약속을 지키려고 담배도 못 피우는 양아치가 되었습니다. 녀석은 기구하기도 기구한 집안의 막내아들입니다. 아버지는 녀석이 걷기도 전에 돌아가시고 중국집서 칼질하던 큰형은 칼침 맞고 돌아가시고 작은형 복근이 형은 겨우 돌아온 제정신이 유치원 화장실에서 미끄러져 하늘

나라로 돌아간 딸 때문에 다시 돌아가 버렸습니다. 그리고 녀석은 신경암이라는 듣도 보도 못한 병 말기 선고를 받았습니다. 지난 추석 고향을 찾아 무료한 연휴를 맞고 있었습니다. 이쯤이면 늘 그랬듯이 석근이가 한잔하자며 찾을 때가 됐는데 생각할 때쯤 아니나 다를까 친구가 왔다고 엄마가 부릅니다. 녀석 왔구나 했더니 다른 친구 놈들이었습니다. 야 석근이 암이래. 니 장난하나? 개시꺄 하하 농담 말고. 오늘 저녁에 석근이랑 같이 술이나 한잔하자. 진짜라니 신경암이래. 뭐라고? 다시 말해봐. 무슨 암…? 금방이라도 눈물이 쏟아질 것 같은 맘으로 만난 내게 소주 50병 먹고 자살하려고 했던 암병동에서 만난 철도공무원 얘기로 군데군데 빠져나간 짧게 민 머리를 쑥스러운 듯 만지며 웃겨 주는 바보 석근이. 신음 소리가 새어 나갈까 봐 그래서 아홉 형제 엄니가 가슴 아파할까 봐 제 손으로 수건을 재갈 물리고 참고 참는, 제 몸으로 참을 줄만 알았던 바보 김석근이가 짤막한 키에 80킬로가 넘던 몸이 꼭 우리 할매 돌아가던 날처럼 뼈에 껍질만 붙어 입심도 없어 눈만 끔뻑거리다가 무슨 한이 그리 남아서 눈물만 산산이 흘리다가 그 눈을 반쯤만 감고 천천히 숨을 멈췄습니다. 우리 기억에 남겨 두십시다. 녀석의 이름은 김석근입니다. 농고를 나와 소위 양아치 생활을 하다가 스무 몇 살이 넘어서자 나이 먹어 쪽팔린다며 노가다 판을 전전하던 바로 그 김석근입니다.

당신에게

여보, 석근이 기억나?

조폭이면서도 우리 결혼식 날에 당신 친구들 서울 아가씨들 앞에서는 그렇게 부끄러워하다가 호텔까지 쫓아와서 호텔 옷장 철봉을 뽑아서 내 발바닥 때리던 그 석근이. 명절이면 매번 찾아와서 날 데리고 나가서 술 진탕 먹여서 데려오던 그 석근이. 이렇게 쓰고 나니 당신에게 석근이에 대한 기억은 썩 좋지 못하겠다는 생각이 드는구먼.

아니야, 아니야 석근이는 그런 녀석이 아니야. 이 시 읽어 보니 당신도 뭔가 다른 생각이 좀 들지. 그랬으면 좋겠다. 왜냐하면 세상에서 제일 소중한 내 친구였거든. 이제는 꿈에서나 가끔 만나는. 당신도 시처럼 기억했으면 좋겠다. 학교 갔다가 돌아오는 길에 아카시아 꽃을 따서 입에 넣고 우물우물 꿀 빨아먹으며 서로 바라보고 같이 웃던, 바닷가 길 따라오다가 빨간 해낭화 따 먹고 우두두 씨를 총알처럼 뱉어 버리던, 남의 밭에 달디단 똥무 서리 해서 이빨로 껍질째 까먹던, 서울 강남 신동초등학교 벽지 아동 서울 방문 초청에서 '야, 니는 밥 먹었나, 아이, 왜 기기리나' 하는 강원도 말투가 아니라 '야, 너 밥 먹었니? 왜 그러니?' 하는 서울 말투 따라 하며 깔깔거리던 강원도 촌놈 내 친구 석근이로 기억했으면 참 좋겠다.

삼식이

공산당 선언문 같은 외침이
적막을 뚫는다.

밥 먹어!

식탁을 가운데 두고
협상할 의지가 없는
적성국의 협상단처럼
눈 맞춤은 애초에 없다.

아내의 침묵은
공기를 결빙시키고
날카로운 끝은 심장에
콩나물국 식는 속도로 파고든다.

비린내는 원래
소멸하는 자가 남기는 향기다.

죽을 수도
죽지도 못할 고통은
밥그릇 긁는 소리로
최후를 예고하고,
마침내 들려오는
해방의 선언.

설거지해!

당신에게

 여보, 이 시가 웃음을 좀 드렸나? 뭔가 진지하지만 웃겨 보고 싶은 마음에 쓴 시야.

 나중에 은퇴하고 정말 삼식이가 되면 어떤 기분일까? 상상해서 쓴 시야. 남자와 여자가 35세를 전후로 호르몬 분비가 역전이 된다고 하네. 역전된 지 15년이나 지났으니 지금 나는 어쩌면 여자일지 몰라.^^ 시간이 더 흘러 은퇴하고 정말 삼식이가 되면 어떨까? 삼식이가 되면 식탁이든 어디에서든 애초에 눈맞춤이란 없겠지. 삼식이가 되면 소멸하는 비린내가 나겠지. 삼식이가 되면 출처를 알 수 없는 아재 냄새, 소멸하는 비린내가 나겠지. 삼식이가 되면 당신의 침묵이 결빙된 칼날처럼 심장을 파고들겠지. 삼식이가 되면 '설거지는 당신이 해'라고 식사의 종결하는 말이 오히려 그렇게 고맙겠지. 아니다. 나는 우리 집에서 집사람 역할을 담당하고 당신은 바깥양반을 담당하

고 있으니 이 시는 오히려 당신 마음에 더 파고드는 시겠다. 그치, 여보?^^

어찌 교사란다

자고 있는 아이
숙면 오기 직전에
책상을 두드려 주고

담요 뒤집어쓴 아이
하나, 둘… 여섯이면
에어컨을 잠시 꺼 두는 배려

아이패드에 미소 짓는 아이
하나 둘… 넷이면
느릿한 순찰로
이 세계로 재진입

독서실 총무처럼
관찰력이 남다른 나는
3학년 2학기를 맞은
국어 교사다.

당신에게

 여보, 어쩌면 당신은 10년이 넘게 고3 담임을 했으니 이런 풍경이 익숙하겠다. 수시가 끝난 고3 교실. 나는 8년 만에 만나는 장면이라 아직도 낯설구먼. 독서실 총무인가, 국어 교사인가, 매일 헷갈리는 날들이다. 1학기 때 내신 때문인지 수업에 집중하던 아이들은 2학기가 되니 국어 1타 김승리 강의는 들어도 내 수업은 거들떠보지 않아.

 그런데 여보 기억나? 강남 대형 학원에서 5억 스카우트 들어왔던 거. 30대 초에 내가 방황하고 있으면서 앞이, 미래가 안 보인다고 토로하니까 당신이 '앞이 안 보이면 한 발 앞만이라도 봐. 한 발 앞은 보이잖아. 한 발 딛는 데 최선을 다해 봐.'라고 조언했던 거 기억나? 그 말을 듣고 정신이 번쩍 나서 지금 이 순간 하루하루 최선을 다하는 게 뭘까 고민했지. 그때 나는 고등학교 3학년 담당 국어 교사

였고. 그래서 쉬는 시간, 점심시간, 야자 시간 없이 미친 듯이 수업 준비를 하고 애들 하나하나 만나서 국어 학습법을 코칭하고 코칭 프로그램까지 만들었지. 그러다가 학원 선생도 이겨 보자는 마음이 들어서 온 정신, 온 마음을 학교에 던졌었지. 몇 년을 그렇게 사니까 소문도 나고 재수한 아이들이 추천해서 전국 최다 득표로 강남 대형 학원에서 5억 스카우트를 받았잖아. 5억….

하지만 그 열정 어디에 갔을까? 그 마음 왜 사그라졌을까? 지금 나는 왜 유능한 독서실 총무일까? 50대 교사인 지금 내 한 발은 대체 무엇일까?

간식함

간식함
타반이용금지!

금지된 욕망이
강렬한 법

사물함 손잡이를
엄지 검지 잡고
조심스레 열었다.

이거 웬걸

기대의 무게를 이기지 못하고
툭 하고 가지 꺾이는 소리가 났다.

빨강 보드마카만
덩그런하다.

비우기만 하고
채우지 않은 이기심을 탓하다가
가만히 보고 있자니
빈 사물함이 말을 걸어온다.
오죽하면
오죽하면
사탕 껍질 하나 없이 비웠을까

6월도 아니고
9월 모의수능이다.

재수생 딸이
가족 금지어로
모의수능을 선포한 것을
벌써 잊었는가
화이트 보드의 그 중한
오늘의 급식 안내가
어제 메뉴이지 않은가

풀리지 않는 x, y에

민준이 안경이

미간 주름에 밀려

코끝에 걸려 있지 않은가

루트 대신 ∞만 그리면서

윤빈이 슬리퍼에 달린 탈곡기가

쭉 뻗은 발끝에서 탈탈거리지 않는가

제발

텅 비운 달달함이 시험지에 쏟아져

서술형 시작 15번도 달달하게 풀리기를

+가 -로 보이는 신경질 나는 신비는

함께 하지 않기를

샤프 끝에 정답만 찾아가는

GPS가 달려 있기를

항룡십팔장 보다 어렵다는

찍기신공 초식을 완성하기를

그리고 결국엔

빨강 보드마카 가져다가

시험지를 온통

빨강 동그라미로 채우기를

당신에게

 여보, 이 시는 얼마 전 9월 모의수능 감독을 하고 나서 쓴 시야. 이 시 쓰고 나니 50대 교사인 나의 한 발이 어렴풋이 보이는데. 어쩌면 그 한 발은 열정보다 따뜻한 아빠 선생님이 아닐까? 하는 생각.^^

 빈 간식함이 안타까웠어. 재수생 아빠라서 그런가 간식함의 달달구리를 텅텅 비울 만큼의 애들 스트레스가 헤아려져서. 재수생 아빠라서 그런가 더 남의 일 같지 않았지. 그래서 시험 끝나고 슬쩍 교실 뒷문으로 들어가서 마가렛트와 몽쉘통통으로 간식함을 채워줬어. 애들이 점심시간인데 왜 뒷문으로 들어오지 하며 의아해하다가 간식함이 채워지니 환호와 박수가 쏟아지더군. 얼마만의 환호와 박수인지. 그저 흐뭇하더라고. 아~ 헤아려 주고 품어 주는 맛이란!

 여보, 예전에 나는 간장 종지 같은 사람이었어. 누가 공격하면 무슨 수를 써서든 받은 만큼 돌려주고 자기만 아는 천둥벌거숭이였지. 그래도 사람이 쉽게 바뀌나 그래서 지금도 어쩌면 마음이 간장 종지일 수 있겠지만 적어도 새로운 바람을 갖고 살아가게 되었어. 그건 달항아리 마음이 되고 싶다는 바람이야. 당신 때문이야. 내 별빛의 축제 님.^^ 당신이랑 어울려 살아온 긴 세월이 내 마음에다가 간장 종지 대신 달항아리를 빚어 줬어. 음… 고마워.

도깨비 파도

상현달이 혀를 날름거리는
밤바다를 향해
장검을 꽂은 듯 뻗친
주문진 도깨비 방파제

파도는

부술 듯이 내달리다
뒷걸음질만 치는 내게

자기가 온전히 부서져야
다시 시작할 수 있는 거라고

마법 대신
철썩,
따귀를 부치고
당겨지듯 하얗게 밀려간다.

당신에게

 여보, 강원도 주문진 하면 뭐가 떠올라? 예전에는 무조건 오징어였는데 지금은 좀 달라졌지. 그래 맞아. 도깨비! 김고은이 케이크에 촛불을 불어서 처음 공유를 소환한 곳인 도깨비 방파제가 그곳에 있잖아. 드라마 덕분에 그곳은 연인들이 줄을 서서 커플 사진을 찍는 낭만 넘치는 곳이 되었지. 그저 흔하디 흔한 작은 방파제를 뭔가 마법이 이뤄질 것 같은 공간으로 뒤바꾼 한류의 아우라 정말 대단한 것 같아.

 당신이랑 나도 주문진에 가면 중앙도로를 지나 그곳까지 산책을 가곤 했잖아. 기억나지? 나는 그곳이 낭만적인 곳이라서 좋아하기보다 그곳의 파도 소리가 좋아. 시멘트가 움푹움푹 파인 오래된 방파제에 부서지는 파도 소리가 강렬하게 마음을 흔들어 주거든.

 그날도 달은 떠서 까만 바다에 일렁거리는데 바람이

불어 파도가 유독 강하게 쳤지. 한창 시집을 내려고 준비하면서 '뭔가 망할 것 같다. 30권은 나갈까? 내 돈 주고 시집을 냈는데 내 돈 주고 시집을 사기까지 해야 하나?' 같은 불안으로 마음이 쪼그라들고 있던 시기였지. 당신이랑 걸으면서도 틈만 나면 그 생각으로 흘러가고 있었지. 그런데 도깨비 방파제에서 마침 파도 소리를 들으니 파도가 귀가 아니라 팍팍 마음에 박하사탕을 꽂아 주는 것 같더라고. 그리고 가만히 지켜보니 파도는 온전히 부서지고 다시 또 밀려오더라고.

그래서 생각했지. '당신 말처럼 내 욕심. 뭔가 시집으로 더 많은 사람들에게 인정받고 싶었던 그 마음이 문제였구나. 파도가 부서지듯이 그 마음을 온전히 깨트리고, 단 한 명의 사람이라도 내 시와 글을 읽고 마음 온도가 올라가면 그것으로 충분하다. 아니 누군가 읽어 주지 않더라도 이렇게 내 삶의 흔적을 남기는 것만으로 충분히 의미가 있다.' 그런 생각을 하고 났더니 마음이 편안해지더라고. 정말 마법이 이루어질 것 같은 공간에서 도깨비 같은 파도가 따귀를 올려 부쳐서 정신이 번쩍 들게 해 준 거지.^^ 그리고 그 기억을 떠올리면서 이 시를 쓰게 됐지.

여보, 어쩌면 시라는 것은 정신 승리(?)의 또 다른 이름일지 몰라.^^

아내 이야기 1
웃다가 울다가 XX에 털 난(?) 아내 이야기

12시가 가까운 한밤중, 을씨년스럽던 옆집이 열심히 소란스럽습니다. 기별 없이 이사를 왔나 봅니다. 작은 아이들의 목소리가 오래된 벽을 넘습니다. 울며 칭얼거리는 소리인데도 아내는 부럽다고 합니다.

며칠 전입니다. 떨어져 지내는 아기가 밤늦도록 칭얼거렸는지 장모님께서는 전화를 눌러 주시고 아기 귀에다 가만히 가져다 주었습니다. 아내는 "땡땡아, 할머니랑 잘 놀았어?" 하고, 엄마는 오늘 땡땡이에게 부끄럽지 않으려고 열심히 공부했다 합니다. 늘 가만히 듣고만 있던 아기가 별안간 "음마!" 합니다. 아내는 하던 말을 멈추고는 화들짝 달려들 듯이 "그래, 땡땡아! 엄마야, 엄마 해 봐. 땡땡아, 엄마." "음마~음마~마마마." 예상하지 못한 기쁨에 함박꽃같이 웃고 있던 아내의 목소리는 이내 울먹임으로 바뀝니다. "그래 땡땡아, 엄마야 엄마." 옆에 앉아서는 이런 생쇼도 다 있다며 배꼽을 잡던 나는 엉엉 아이처럼 우는 아내를 보고는 또 털나게 웃으며 또 부둥켜 울었습니다.

우리 가족도 함께 살았으면 좋겠습니다.

아내 이야기 2
장정일의 〈라디오와 같이 사랑을 끄고 켤 수 있다면〉을 가르치다가

장정일의 '라디오와 같이 사랑을 끄고 켤 수 있다면'을 가르치다가 사랑이 대체 무얼까 생각하다 생각 끝에 손이 떨리도록 아내가 밀려옵니다.

며칠 전 퇴근하니, 두 달도 안 된 아기를 가슴에 젖 물리고 아기 눈이 놀랄까 봐, 바닥에 놓인 스탠드 불빛에다 문학 자습서를 펼쳐 놓고는 장수생 아내가 곁눈 공부를 합디다. 기특하고 안타까워 머리만 쓰다듬다가 쓰다듬다가 지난밤 꼭 아내를 안아 주었습니다. 그런데 이런, 내 가슴께가 젖습니다. 시도 때도 모르는 아기 덕에 사는 게 젖소 같다던 아내가 엄마라서, 엄마라서, 눈, 물, 대신 가슴으로 눈물을 흘립니다.

내가 자꾸 가슴이 젖습니다.

아내 이야기 3
아내의 기도

이를 닦고 방으로 들어가려다가 문득 걸음을 멈췄습니다.

아내가 착하게 앉아서 기도를 하고 있습니다. 오랜 냉담자 생활을 접고 다시 하느님의 자식이 된 아내. 이제 주신(酒神)만을 믿고 밤거리를 헤매는 나와는 완전히 격이 다른 사람이 되었습니다. 말이 삼수. 눈물도 상처도, 헤아리는 것마저도 식상해진, 긴 수험생 생활. 간절한 합격에 대한 기도일까…. 아내처럼 손을 모으고 성호를 그리지는 않았지만 '그저 아내가 원하는 대로 해 주십시오. 그저. 아니 제발….' 생각하며 가만히 아내를 기다려 주었습니다. 합격자 발표 하루 전 아침나절 출근하다 말고 가만히 아내 옆에 누워서 잠든 아내를 바라보았습니다. 뱃속의 아기 덕에 남들보다 두 배는 더 힘들었을 아내. 그래도 포기하지 않고 눈물 씹으며 노력해 준 아내가 사랑스러워 살싹 입을 맞추었더니 귀찮은 듯 몸을 뒤척입니다.

아내의 기도가 꼭 하늘에 닿았으면 좋겠습니다.

아내 이야기 4
불합격의 밤

인생이 칼칼한 날엔 이슬이를 털어 넣고 "캬아!" 하며 토해 내면 그래도 슬픔이며, 분노며, 억울함이며, 후회며, 뭐 저 밑에 쌓인 그런 것 중 하나쯤은 쏟아져 나올 것 같아서 소주 한잔하려다가 아내의 잠자리를 펼치며 마음을 접었습니다.

임용 스트레스 때문인지 머리가 몸보다 한 달이나 발육이 빠른, 뱃속에 그 녀석 때문에 소주 맛도 못 찾을 아내, 이슬이로 인생의 얼마만큼 필름도 지워 버리지 못할 아내, 시험이 끝나자마자 솟는 눈물을 어쩌지 못했다던 아내, 한밤 내 후회로 몸을 뒤척일 아내.

시험 전날보다 더 정성스레 이불을 펼치고 가습기를 틀고 보일러를 좀 더 올렸습니다.

아내가 시금 허무해서 누워 있나고 합니나. 허무해

서 허무해서…. 내가 소주 한 잔으로도 토해 내 본 적 없는 허무, 토해 낼 것이 없는 그 허무, 그저 아내의 한 해를 위해 후회나 하며 소주 취기로 도망치려던 내가 작아집니다.

어서 아내와 얼굴 맞대고 소주 한 잔 기울일 날,
그 소박한 기쁨으로도 잠을 설칠 날이 제발, 우리에게도 와 주었으면 좋겠습니다.

아내 이야기 5
아내의 도전

　아내가 며칠째 잠을 설칩니다. 여덟 달 불룩 솟아난 배도 배거니와 세 번째 도전. 스트레스가 온몸에 통증으로 쌓였나 봅니다. 올 한 해 두 사람 몫의 삶의 짐을 견뎌 냈던 아내가 참 아름답습니다. 이 말을 꼭 전하고 싶었습니다.

　내일은 눈이 내린답니다. 교통편 걱정을 하던 내게 길조라며 정성을 모아 주는 동료를 보며 긍정적 믿음을 생각합니다. 길조입니다. 드디어 내일 아내가 아름답게 도전합니다.

아내 이야기 6
쓰러진 신규교사

옆자리 선생님 열 뻗친다고 쓰러트리는 녀석들과

신규교사로 교직 한 달. 신설고, 학적에, 담임에… 4수 시절 펑퍼진 뒤태 거울 보며 그 갈망하던 다이어트. 식단 조절은 고사하고 학교생활만으로 자연스레 4킬로 덜어 내고 몇 주째 쇳소리 박경림이 어색하지 않을 소리를 내던 아내가, 분필 가루 기관지염에 연신 기침하면서도 주말 내 아이 둘 업고 있던 아내가 그래도 행복하다고 웃던 아내가 이제야 아픕니다.

밤새 끓던 열도 모르고 잠들었다가 아침나절에야 눈을 뜬 내가 자꾸 아픕니다.

아내 이야기 7
집들이

아내는 지금 따끈한 맨바닥에 누워 중국인형처럼 볼이 발갛게 달아올라서는 입맛까지 다시며 단잠을 자고 있습니다.

오늘로 4번째 집들이를 마쳤습니다. 남들은 한두 번에 끝내는 집들이를 단칸 사글셋방 우리 아기가 태어나면 세 식구로 꼭 맞을 집이래서 벌써 네 번이나 치르고 아직도 그만큼 또 남은 것 같습니다. 복학 대학생 실업자인 남편 덕에 넉넉한 음식 대신 아내는 요리책을 몇 번이고 뒤져서 재료비가 덜 들면서 칭찬받을 요리를 찾고는 털썩거리는 제 요리에 조그만 단장으로 몇 배 빛을 더하게 합니다. 그 뒤뚱거리는 몸으로도 날렵하게 이리저리 쫓아다니며 부치다가 끓이다가 조리다가 한번 짜증도 내지 않고 오히려 조곤조곤 얘기하며 준비하는 게 행복하다고 아내는 말합니다.

잠는 아내의 흩어진 치맛자락 밑으로 오뎅같이 통통

부은 발가락이 보입니다. 안쓰러워 가만히 주물러 주었더니 잠결에도 "오빠~~ 힘~들어~~ 음냐~~" 합니다.

오늘은 결혼한 지 백일째 되는 날입니다. 남들은 이런 날이면 카페며 레스토랑이며에 가서 몰래 아내의 주머니에 콘서트 표며 넣어 두고는 슬쩍 아내를 행복하게 한다는데 돌아가는 누나들을 전철역까지 배웅하고 "어! 지갑이 없네" 하며 주머니를 뒤적였더니 누나들이 웃으면서 빈 주머니에 케이크라도 사 들고 가라고 얼마를 찔러 넣습니다. 부끄럽기도 하고 이 작은 이벤트에 행복해할 아내를 생각하면 기쁘기도 하고, 주체하지 못할 감정 속에서도 파리바게트에서 빨간 루돌프 코와 샴페인까지 받아서 웃으며, 웃으며 돌아왔습니다.

오늘은 결혼한 지 백 일째 되는 날. 사람들은 길거리에서 온통 들떠 있는 크리스마스이브. 아내는 맛있게 잠들어 있습니다. 아내가 일어나면 더 맛있는 행복으로 오늘을 기억하게 할 작정입니다.

아내 이야기 8
주말부부의 밤

　며칠을 두고두고 생각만 하다가 겨우 만난 아내. 마음보다 앞서 몸이 덤벼드는 스물일곱 나를 아내는 수술한 근처의 통증을 이유로 극구 피하려 듭니다. 알면서도 서운하고 식은 몸만치 마음도 따뜻하게는 붙들어지지 않고 이제 숨소리만 살아 있는 주말부부의 밤. 아내는 가만히 "오빠, 손." 합니다. 그러고는 나직이 "나는 오빠 손이 말라서 뼈만 남을 때까지, 검버섯이 까맣게 돋아나더라도 오빠 손만 꼭 잡고 있을 거야." 합니다. 부끄러웠습니다. 참 부끄러웠습니다. 그리고 그 부끄럼만큼 손에 꼭 힘을 주었습니다. 일요일 새벽 옆에 누웠다 비운 자리가 유난히 시렸다가도 내 온기가 남은 이불 속에 몸을 드미는 것만으로도 행복했다고 말하는 아내는 몸보다 이른 마음으로 또 일주일 나만을 기다려 줄 겁니다. 아내가 보고 싶습니다.

아내 이야기 9
도마뱀의 비행

인식의 힘

절망한 자들은 대담해지는 법이다

니체

도마뱀의 짧은 다리가
날개 돋친 도마뱀을 태어나게 한다

최승호 詩

대학교 4학년 9월에 결혼을 하고, 12월에 있을 임용 준비를 위해 도서관에 앉았습니다. 내 늦은 공부가 생각보다 쉽지 않습니다. 짧은 다리로 아무리 안간힘을 써도 다들 너무 앞서 있는 것 같습니다. 오늘은 참, 힘들었습니다. 뚫어져도 시원찮아질 책을 베고 누워도 보았습니다. 어디 풀 데도 없어 PC방을 기웃거려도 보았습니다. 나는 늘 여유 있는 사람이었는데…. *끄물끄물한 오후,*

볼 옆으로 익숙한 입김을 느꼈습니다. 생각지도 못한, 이젠 완연한 임산부인 아내였습니다. "낮도깨비… 같으니…." 타박은 했어도 참 반가웠습니다. 이제 이층집 오르기도 숨이 가쁜 아내는 유난히 배를 향하는 사람들의 시선을 삼키고 3백 50원짜리 꿀차를 들고서 나도 식은땀 나는 도서관 4층 꼭대기까지 올라왔습니다. 그리고는, '헤헤~' 가지런한 이를 온통 드러내고 눈이 찌푸리도록 웃습니다. 아내는 불쑥한 배를 쓰다듬으면서 "오빠는 늦게 시작했지만 다른 사람들보다 많이 가졌잖아." 하고는 잠시 머물렀다가 배웅도 못 받고 갔습니다. 아내가 떠난 뒤로 자꾸만 심장이 움틀거립니다. 이제 짧은 다리로 바둥거릴 필요도 없을 것도 같습니다.

아내가 있어 난 날 수 있습니다.

아내 이야기 10
오징어 튀김

 방금 전화를 끊었습니다. 아내는 지금 분당에 있는 처가댁에서 몸을 풀고 있습니다. 그냥 오늘은 아내 얘기가 하고 싶어졌습니다.

 아내의 이마엔 새끼손톱보다 작은 흉터 두 개가 있습니다. 결혼 후 갓 두 달 공부를 하고 생각지도 않게 시험에 붙었을 때, 아내는 오빠가 실력이 있어서 붙은 게 아니야. 사람들이 다 오빠가 붙기를 바라고 그 좋은 기운들이 오빠한테 모여서 붙은 거야 하면서 '임용 이거 별것 아니네'하고 자칫 거만해질 수 있었던 제 마음을 단단히 붙들어 주었습니다.

 2차 시험 전날이었습니다. 성동구 도서관에서 선배와 친구 이렇게 세 명이 2차 시험 준비를 하고 있었습니다. 밥을 먹고 오는데 아내가 종이 가방 하나를 들고 도서관으로 오고 있었습니다. 반가운 마음에 마구 달려갔더니,

고작 한다는 소리가 "오빠 이거 만화책인데 반납해 줘." 합니다. 참 어이가 없어서 속으로 '시험이 내일인 사람한테 이게 할 짓이야.'하는 생각이 들 때쯤, 한술 더 떠서 "오는 길에 지난번 맡긴 여행용 가방도 찾아와" 합니다. 아내의 철없음에 옆에 있는 친구와 선배 보기 민망하기도 해서 화를 내려고 하려던 찰나 아내의 이마가 보였습니다. "어? 이거 웬 흉터야? 임마." "헤헤~" 그저 아내는 웃기만 합니다. "왜 그러냐니까?" "오징어 튀기다가…. 오빠, 오징어튀김 좋아하잖아." 종이 가방을 받고 보니 가방엔 제가 무지막지 좋아하는 오징어튀김이 동그란 플라스틱 그릇에 소복하게 담겨 있었습니다. 얼마나 미안하고 무안하던지, 사과는 못 할망정 덜컥 화까지 내고는 아내를 끌고 약국으로 데려갔습니다. 호호 불어가며 화상연고를 발라 주니 또 "헤헤~" 하고 웃습니다

"왜 웃어? 임마." 했더니 "나, 자꾸 아팠으면 좋겠다. 그러면 오빠가 계속 이뻐해 주잖아…. 헤헤" 젖은 오징어가 기름이 튄다는 것도 잘 모르는 초보 주부인 아내는 단칸방에 혼자 앉아 외로워하기보다 그렇게 그렇게 절 사랑해 주고 있었습니다. 그 오징어 덕분인지 함께 나눠

먹은 사람들은 모두 어엿한 국어 선생님으로 아이들 앞에 서게 되었습니다.

그냥 묵은 아내의 얘기가 하고 싶어졌습니다. 지금 아내는 처가댁에도 있고 보고 싶어서 조금은 울음이 고여 있는 제 마음속에도 있습니다.

아내 이야기 11
나는 아내가 있는 선생님이다

 야자 감독을 끝내고 아내를 데리러 학교로 갔다. 하루 내내 수업에, 임용 공부에 지칠 만도 할 텐데 아내는 피곤하다며 퉁명스러운 내게 오늘은 학교에서 무얼 했냐며 싱그런 표정으로 물어 줬다. 그러나 나의 "뭐 담임 업무, 잡무, 수업했지 뭐…." 간단하고 명료한 대답과 함께 대화보다도 더 긴 침묵으로 집으로 돌아오는 길은 채워졌다. 녹초가 되어 도착한 집은 여전히 어수선했다. 어서 눕고자 바쁜 손길로 방을 정리하고 있으려니 먼저 씻으러 간다던 아내가 유난히 늦었다. 궁금함에 좁은 부엌으로 나가 보았더니 속옷 바람에 웅크린 아내 손엔 뜻밖에도 구둣솔이 쥐어져 있었다. 아내는 "헤헤… 오빠, 멋진 선생님 되라구.^^" 한다. 가만히 달콤한 한숨을 내쉬고는 꼭 하고 아내를 안아 주었다.

 나는 늘 아내가 있는 선생님이다.

아내 이야기 12
엽기스런 그녀 그러나 너무 사랑스런(?) 마누라^^

14,200원짜리 보물찾기 생일 이벤트는 그렇게 시답잖게 끝나고 나는 시무룩하게 아내가 좋아하는 닭볶음탕을 만들고 아내는 내일 입을 바바리코트를 찾아 장롱을 뒤지고 있었다. 그때! "서방님!!!~~~~" 한다. 순간, 쑥딱 칼질을 하다가 손을 베일 뻔했다. 내 기분을 알았는지, 아내는 결혼식에 입었던 빨간 한복 치마에 초록 저고리를 입고 황진이같이 살살스런 눈빛을 던지는 것이었다. 아, 사내의 마음이란…. 서운한 마음 어느새 녹아 버리고 "어허, 네가 진정코 숙청을 아니 들겠느냐?"고 맞장구를 쳐 줬더니, 고름으로 살짝 얼굴을 가리며 "부끄럽사옵니다." 한다. 그러고는 서로 한바탕 웃는 걸로 나는 모든 게 끝나는 줄 알았다.

그런데! "와! 오빠 것도 이쁘다…. 오빵~~ 앙(갖은 애교로) 오빵도 한 번 입어 봐~앙." 한다. 어휴~~~ 그래도 생일인데 하며 옷 한 번 입는 게 뭐가 그리 힘든 일이라고.

못 이기는 척 입어 줬다. "야, 역시 멋있다. 근데… 오빠!" "응? 왜?" "이제, 우리… 나가자!" "뭐?!" "나가자구." "이 오밤중에 이러고 어딜 나가?" "왜 싫어? 싫어? 으잉~" 아시다시피 삐지는데 장사 있습니까. 나갔지요. 아내는 정말 미친 뭐처럼 좋아서 웃기 시작합니다. 다행히 우리 집은 무학여고 뒤편 인적이 드문 곳이지요. '휴~ 살았다.' "야 저기 사람들 오잖아. 지금 그렇게 웃으면 너나 나나 미친놈, 미친년밖에 더 되겠냐." 했더니 입술을 깨물어 가며 겨우 참습니다. 사람들 겨우 지나치자 갑자기 제 손을 잡습니다. '이제 돌아가는군. 크크' 그러나 아내의 충격적 한마디! "이게 다 추억이야. 나이 60되면 이런 거 말고 기억나는 게 더 있겠어?" 그러고는 끌려갔습니다. 대로변으로, 상가로 사방팔방 목줄 묶인 개처럼 끌려다녔습니다. 완전히 포기하고 집으로 돌아오자. 아내의 한마디 "오빠 나 행복해." 그 말을 듣자마자 나는 속으로 '그래, 임마, 너가 아까는 조금 시큰둥했지만 역시 내 이벤트에 감동했던 거였어…. 으아~~~' 하지만 아내의 충격적 대답. "내가 이렇게 미친 짓 해도 언제나 같이해 주는 사람이 있잖아. 나 행복해. 하하하하하하하~~"

아내 이야기 13
아내의 개인기(?)

희대의 몸치이자 음치인 아내에게도 감히 남들은 범접하지 못할 개인기가 있습니다.

헉헉거리는 여름 도서관에서 종일 임용 공부를 하다가 11시가 넘어서야 집에 돌아온 아내를 보고도 5시간 수업에 야자 시간 내내 상담까지…. 입을 한 시간 이상 쉬어보지 못한 나는 또 말수가 적어집니다. 묵묵히 청소기를 돌리며 남편의 도리를 다할 무렵 옷장에 달린 거울을 보며 옷을 갈아입다만 아내가 갑자기 "배!" 하고 외칩니다. 돌아보니 아내는 늘어진 배를 한 것 두 손으로 동그랗게 움켜쥐고 헤헤 웃고 있습니다. 나도 따라 웃다가는 웃통을 젖히고 양손 엄지와 검지를 동그랗게 모으고 배를 꾹 눌러서는 "배!" 따라 합니다. 웃음이 터지고는 "내가 더 진짜야." "아니야, 나야." "오빠 건 너무 풋익었어." (땅땅한 내 배를 보고) "그럼, 넌 저장된 배냐 늘어졌잖아…." 하고 말하고 나서는 아내는 모른 척 지났지만 나만 몰래 마음이

저려 옵니다. 아내 나이 이제 24살 출산을 한 이후 탱탱하던 살결 대신 터지고 늘어진 살결을 갖게 되고서도 어디 원망 한 번 않던 아내입니다. 나보다 더 풋 익었을 배(?)였을 텐데…. 자꾸만 나만 몰래 마음이 아립니다.

아내에겐 웃겼다, 울렸다 하는 더없는 개인기가 꼭 하나 있습니다.

아내 이야기 14
에버랜드 가는 일이 특별했던 날이 있었다

아기는 여전히 7시 30분 정각 기상입니다. 아내는 어제 휴유증(?)으로 학교에 늦었습니다. 장마에 침 맞은 허벅지가 더 욱신거립니다.

어제 일요일, 우리 가족도 드디어 처음으로 에버랜드에 갔습니다. 아기는 낮잠도 제대로 안 자고 남사스러운 괴성을 지르고 손뼉을 치고 "안니(안녕) 안니(안녕)" 동네 사방에다 인사하다가 야리하니 작은 입술에 고만 물집이 잡혔습니다. 난생처음 코끼리 쇼를 본 아내는 아기보다 신나서 소리를 지르고 로고송까지 외워서 "코끼리 코끼리 점보 챌린지~~" 하다가는 말 그대로 녹초가 되어 흐믈 쓰러져 잠들었습니다. 이틀 치 월급을 변변한 카드도 하나 없어 물 하나에 1,500원 하는 에버랜드에 온통 쏟아붓고도 오늘엔 다친 다리를 더 절룩거리며 학교 언덕을 올라와도, 장마에 온통 우울한 물 세상이라도, 엉성한 풋니를 온통 드러내는 우리 아기 웃는 얼굴이, 온통 즐거

움 투성이였던 우리 아내 얼굴이 자꾸만 마음을 두드려서는 그래서는 아~ 참 행복합니다. 그래서 모두들 감사합니다.

어젠 우리 가족도 에버랜드에 갔습니다.

아내 이야기 15
오색 수제비, 참 맑은 행복 만들기

　스물여섯 무일푼 대학 4학년. 이제 갓 스물둘 꽃봉오리 같았던 아내와 에어컨도 안되는 읍내 예식장에서 반지를 나눈 지 벌써 오 년입니다. 지난 주말엔 아내와 땡땡이와 함께 오색 수제비를 만들었습니다. 난생처음 만난 채소, 파프리카로 빨강과 초록을 달걀 노른자로 노랑을 잘게 부순 김으로 검정 반죽을 "까르르 까르르~" 나도 아내도 땡땡이를 닮아 웃으면서 또 바닥에 온 옷자락에, 얼굴에 밀가루를 범벅 하면서 땀불나게 만들었습니다. 매일매일 에너자이저 땡땡이와 씨름하고 공부까지 하다 입술이 터져 버린 아내라서 국물을 내고 끓이는 것은 제 몫입니다. 멸치와 다시마 바다 것이랑 양파, 마늘 육지 것을 넣어서 팔팔 끓입니다. 끓는 국물에 데어서 혀가 얼얼해지도록 맛을 보고 간을 하고 또 맛을 보고 그러고는 반죽을 떼어 넣습니다. 표고버섯, 당근, 파, 호박을 송송 썰어서 다시 팔팔 끓이고 또 불안해져선 간 보고 맛보고 또 간 보고 혀가 얼얼해져 옵니다. 달걀을 풀어 헤칠 때의 만족

감이란…. 크아^^ 하지만 이게 웬걸 그 비싼 재료 다 넣고선 이빨 빠진 듯 허전한, 닝닝한 국물 맛!!! 그래도 하아~ 맛있다며 공깃밥 추가를 외치는 저 정신. 아~! 저… 저… 사랑! 땡땡이는 색색 잠들어 있고 설거지를 하며 마냥 홍겨운 오늘은 참 맑은 내 행복입니다.

아내 이야기 16
아내는 아직도 내 눈이 부은 이유를 모릅니다

 아침나절 잠에서 깬 아내에게 강렬한 눈빛을 보내자 아내는 "눈 풀어. 어여, 띵띵 불어 가지고는…." 기름 흐르듯 찐한 눈빛에다 퉁퉁 부은 눈이 부담스러웠는지 아침부터 타박입니다. ^^

 '아~내 눈이 부었구나….' 간밤엔 처음으로 남편같이 울었습니다. 아내는 12시가 가까워 돌아간 나를 반겨 맞고는 서둘러 이부자리를 폈습니다. 두 몸이라 늘 피곤하지만 아내는 늦은 시간까지 몰려오는 졸음을 겨우 참아가며 아기 이불이 될 보드라운 털실로 뜨개질을 하고 있었습니다. 아내의 손길이, 아내의 기다리는 마음이 고마운 나는 불을 끄고 가만히 옆에 누웠습니다. 막 잠들기 전 아내의 낮은 한마디…. "오빠 나 수다 떨고 싶어, 마음 맞는 사람이랑 계속 얘기하고 싶어…." 아내는 외로웠습니다. 갑작스런 임신으로 대학교 2학년 휴학 중인 아내는 그저 마주 보고 얘기할 누군가가 필요했습니다. 사랑하는 사람을 혼자 두는 마음…. 가만히 등도 토닥여 주고 귀밑머리도 쓸어 주고 낮은 목소리로 자장가도 불러 주었습니다. 새근새근 아내의 잠든 소리에 혼자서 소리 없이 울었습니다. 이불자락으로 눈물을 닦아 내면서 소리 없이 자꾸 울었습니다. 우리 마음은 늘 같이 있는데 아내가 외롭습니다. 아침나절 피곤하게 학교에 가는 내게 아내는 또 선물을 주었습니다. 웃음보따리! 팔은 만세를 하고 불룩한 배와 호빵 같은 궁둥이를 흔드는 기상천외한 쇼를 펼치고는 "안녕~~" 하고는 화장실로 곧장 사라졌습니다.

앞으로도 늘 아내는 내가 눈이 부은 이유를 모를 겁니다.

THE ASTRONAUT

ⓒ 정승재, 2025

초판 1쇄 발행 2025년 11월 21일

지은이	정승재
펴낸이	이기봉
편집	좋은땅 편집팀
펴낸곳	도서출판 좋은땅
주소	서울특별시 마포구 양화로12길 26 지월드빌딩 (서교동 395-7)
전화	02)374-8616~7
팩스	02)374-8614
이메일	gworldbook@naver.com
홈페이지	www.g-world.co.kr

ISBN 979-11-388-4968-5 (03810)

- 가격은 뒤표지에 있습니다.
- 이 책은 저작권법에 의하여 보호를 받는 저작물이므로 무단 전재와 복제를 금합니다.
- 파본은 구입하신 서점에서 교환해 드립니다.